"Súper EmprendiMan"

GASTÓN HERRERA

GASTÓN HERRERA

Editorial Palo Fierrot © 2018 Gastón Herrera
All rights reserved.
ISBN: 9781728876009

DEDICATORIA

A Yanina y Martina

Por estar a cada paso a mi lado
Por los sueños compartidos
Porque saben que no fue fácil
Por ser mi combustible, mi razón y mi porque
Las Amo Princesas
¡Gracias infinitas!

GASTÓN HERRERA

ACERCA DEL AUTOR

Gastón Alberto Herrera es un coach y consultor hispano en marketing y ventas.

Experto en lo que el mismo denomina como Propuestas Diferenciadoras Integrales.

Con más de diez años de experiencia en el campo de las ventas, especialidad en e-commerce y creación de marcas.

Es también fundador y director de Matanga, empresa dedicada a la creación de sistemas de venta online y capacitación de emprendedores. Y dirige su blog personal de Negocios y Marketing www.GastonHerrera.net

Autor del Libro "El Emprendedor Huérfano. De Negado a Consultado" co Autor del Best Seller de Amazon del libro "Hablemos de Marketing" en el que participo con otros especialistas como Mario Corona, Patricio Peker y Diego Repetto.

Creador del Sistema de Ventas X4 con el que ha capacitado vendedores y emprendedores de diferentes rubros y mercados.

Emprendedor incansable desde su adolescencia, afirma que:

"No existe sensación más hermosa y aterradora a la vez que embarcarse en la aventura de emprender. Pero puedo decirte desde la experiencia que bien vale la pena."

Gastón nos asegura que en Super Emprendiman vas a encontrar:

Una forma simple y práctica de hacer lo que realmente importa para que tu negocio no sea un dolor de cabeza: Proyectar un camino, encontrar buenos clientes y sobresalir por sobre la competencia.

Vas a aprender a desarrollar tus Súper Poderes y convertirte en el Héroe de tu negocio y de tu mercado.

Un Libro recomendado tanto para emprendedores novatos, como para aquellos emprendedores experimentados que sienten que necesitan un nuevo y más efectivo enfoque en sus negocios.

GASTÓN HERRERA

INDICE

DEDICATORIA 3

ACERCA DEL AUTOR 5

INTRODUCCIÓN 11

CAPÍTULO I 19

    LA FIEBRE DEL ORO 19

CAPÍTULO II 31

    ARCHI VILLANOS AL ACECHO... 31

CAPÍTULO III 67

    EL SÚPER HÉROE DE TU VIDA 67

CAPÍTULO IV 105

    SÚPER EVOLUCIÓN 105

CAPÍTULO V 186

    MULTI EVOLUCIÓN. 186

INTRODUCCIÓN

Si yo te pidiera en este momento que pienses en un súper héroe seguramente en tu cabeza se vendría una imagen muy similar a Superman. Traje, capa, inmaculado en su apariencia y obviamente con súper poderes. Volar, visión de rayos, súper fuerza y todo eso que la televisión y anteriormente las historietas nos han vendido tan eficientemente.

Pero sabes qué, allí afuera hay un montón de Héroes que no salen en televisión ni se escribe sobre ellos.

Existen maestros rurales que caminan kilómetros para enseñar a los niños a leer y escribir en un recóndito pueblo en la montaña o doctores que se unen gratuitamente a campañas de vacunación en los más extraños y deshabitados lugares. Ellos son grandes héroes.

También hay otros como bomberos, policías o socorristas, ellos son muchas veces ignorados por la mayoría de las sociedades y su trabajo es tan heroico que muchas veces les cuesta su propia vida. Pero este libro no se tratará de todos ellos aunque realmente lo merezcan.

Este libro se trata del Héroe más menospreciado de la historia de la humanidad que es el Emprendedor. Y no tengo pudor den decir que para mí un Emprendedor es un Héroe.

¿Sabes por qué pienso esto?

Porque emprender muchas veces es ir totalmente solo y contra todos los pronósticos a librar una batalla donde se tiene un muy pequeño porcentaje de posibilidades de salir victorioso.

Tomar la decisión de emprender significa que muchos no van a entender qué es lo que estás haciendo y por qué motivo.

Es aceptar que por un tiempo, quizás tengas que vivir con las opiniones negativas y destructivas disfrazadas de consejos de las personas de las cuales quizás esperabas su apoyo y aliento.

Es aprender a los golpes que existe mucho que no sabes y aun así levantarte para recibir más.

Y una persona que al saber todo esto aun se anima a hacerlo, es un verdadero Héroe.

Algunos también pueden pensar que es un loco y en algún punto puede ser que lo crean justificadamente ya que hay en todo emprendedor algo de loco.

Hay que ser un poco loco para abandonar un trabajo seguro y bien pago para dedicarse de lleno a un proyecto con el que aún no tienes la seguridad de que vas a llegar a fin de mes.

Hay muchos que considerarían una locura trabajar el doble de horas en tu negocio, por el mismo dinero que gana un empleado de un comercio.

La mayoría de las personas creerían que estás totalmente mal de la cabeza si vendes tu auto, y tomas todos tus ahorros para invertir en lo que crees que es una buena idea de Negocios.

¿Sabes por qué también muchos creen que los emprendedores están locos?

Porque en más de una oportunidad los malos augurios tienen razón y el emprendedor quiebra su negocio y lo pierde todo. No le queda otra opción que volver a su vida anterior pero mucho más endeudado. Consigue un nuevo trabajo, va saldando sus cuentas de a poco y cuando por fin está saliendo de sus problemas económicos, ya está listo para embarcarse en un nuevo proyecto.

Sucede que eso que parece locura en realidad se llama Fuego Emprendedor y tiene un poder que va mas allá de la comprensión de quienes no lo llevan en su interior.

Este libro está pensado para ellos.

Para mis queridos emprendedores. Mis colegas. Mis hermanos.

Súper Héroes, Súper locos, Súper valientes.
Hombre y mujeres que se juegan todo para poder vivir la vida que desean, del modo que desean haciendo lo que aman.

Para Uds. he pensado este libro y con mis diez años de experiencia cargados de muchas batallas ganadas y muchas pérdidas. Todas ellas han dejado una gran enseñanza, una perspectiva, nueva habilidad. Y quiero compartirlas contigo.

Por eso mi amigo, en las próximas páginas vas a encontrar una guía simple y práctica para aprender a desarrollar todas las habilidades y súper poderes que tú y tu negocio necesitan para ser no solo el Súper Héroe que ya sé que eres, sino para que te conviertas en Súper Emprendiman. El Héroe de tu Negocio, el Héroe de tu vida.

¿Qué encontrarás en este Libro?

Vas a descubrir los errores más comunes que aun hoy se cometen en la mayoría de los negocios.

Conocerás tres cosas que el 90% de los negocio no tiene y que solo los exitosos desarrollan y practican. Aprenderás a planificar un crecimiento constante de tu negocio para los próximos diez años.

Te enseñaré a reconocer a tus Archi Enemigos y te enseñaré a vencerlos.

Descubrirás la manera de desarrollar una serie de súper poderes que tu negocio y fundamentalmente tus clientes van a adorar.

Vas a aprender mi método de Súper Evolución para transformar tu negocio en una máquina de atraer, conquistar y satisfacer clientes.

Te enseñaré a crear una propuesta única y original para que tus clientes te elijan a ti por sobre la competencia

Vas a conocer la fórmula para que todos los estadios por los que un cliente pasará en tu negocio sean una experiencia única e inigualablemente satisfactoria.

Para finalmente transformarte en Súper Emprendiman.

Aclaraciones importantes. ¿Para quién NO es este Libro?

Este libro no contiene hechizos, ni rituales, ni magia de ningún tipo. Tiene consejos, estrategias y una visión que te ayudará a comprender mejor las situaciones a las que hoy vas a enfrentarte.

El contenido de este libro puede hacer cortocircuito con las personas que tienen "buenas excusas" para no hacer lo que deben hacer. Porque esa es la palabra mágica: HACER.

Este es un libro que si no estás dispuesto a ponerle la mente y el cuerpo, ni siquiera comiences a leerlo porque está lleno de tareas que tendrás que realizar para que las cosas sucedan.

Tampoco es un libro apto para personas con mentalidad de microonda. Abra tips que aplicados producen cambios rápidamente y otros necesitan un tiempo. Y aunque vivimos en una época de soluciones rápidas, el árbol verdaderamente fuerte siempre crecerá a la misma velocidad.

Hechos los correspondientes avisos, te doy la bienvenida a "Súper Emprendiman, cómo convertirte en el súper héroe de tu negocio y de tu vida".

CAPÍTULO I

LA FIEBRE DEL ORO

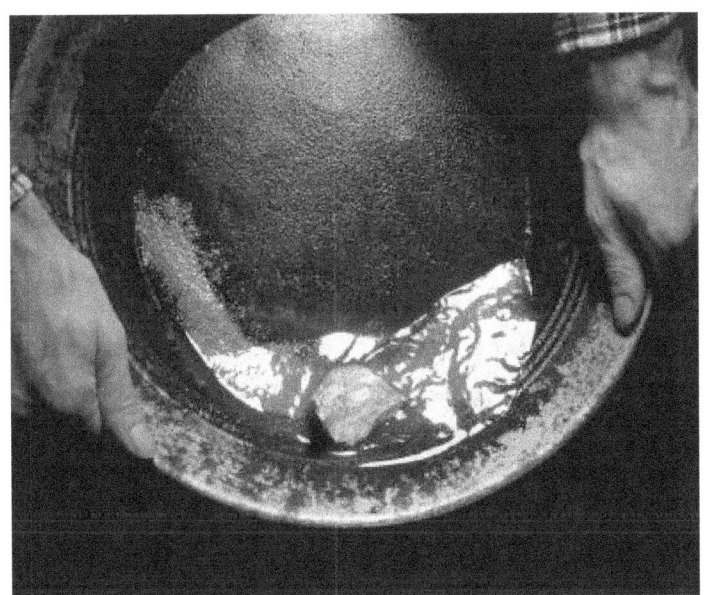

Hace algunos días me encontraba en el sillón de mi casa tomando un té mientras hacía zapping. Me detengo en un canal de series retro donde estaban pasando La Familia Ingalls en inglés "Little House on the Prairie".

Por si nunca la viste o escuchaste hablar de ella esta era una serie de televisión norteamericana de los años setenta, orientada a fines del siglo XIX que narraba la vida de Charles Ingalls y su familia. La serie familiar que tocaba tanto problemáticas de la época como actuales.

El capítulo que llamó mi atención cuenta cómo Charles junto a su amigo Edwards y su familia se lanzan a probar suerte durante la fiebre del oro.

No ofrecía muchos detalles, pero aparentemente con algunas pepitas de oro era suficiente para que tu vida realmente cambie y asegurar el bienestar de su familia por mucho tiempo. También estaba la leyenda sobre el amigo del primo de un hermano de alguien que había encontrado la pepita de oro más grande nunca vista con solo tres horas en el río y sin experiencia. Al parecer ya en ese momento había ese tipo de historias afortunadas.

Durante algunos capítulos la historia se desarrolla contando como el grupo llega lleno de esperanzas, comienzan a trabajar a la orilla del río día tras día pero de a poco esa ilusión de encontrar oro se va haciendo cada vez más pequeña. Los días se hacen largos, agotadores y al parecer esa gran oportunidad que los llenaba de emoción y esperanza, no se parecía en absoluto al lugar donde estaba con demasiadas personas en busca de lo mismo que ellos, al mismo momento y casi en el mismo lugar.

Y cuanto todo parece ir de mal en peor, logran encontrar por fin unas pepitas de oro. Una inmensa alegría los invade y aunque la recompensa aún es pequeña se ilusionan con que será la primera de muchas. El problema es que esto atrae a más y más personas lo cual desata peleas y otros problemas que terminan con una disputa y una persona muerta.

Charles y su amigo toman la decisión de volver a sus vidas al considerar que no ha valido la pena el gran trabajo, la escasa recompensa y el riesgo que esta aventura trae.

No pude evitar analizar el caso y ver cuántas similitudes hay con el mundo emprendedor de hoy en día.

¿Cuántos casos existen de personas con buenas intenciones, ganas de trabajar en su proyecto y prosperar que la falta de información, de guía, de presupuesto o hasta de habilidades para manejar no solo las adversidades sino también el éxito recibe un tremendo golpe?

Afortunadamente el siglo XIX ya pasó hace mucho y nuestra generación tiene la posibilidad de tener toda la información que necesitamos casi sobre cualquier tema, en nuestro bolsillo. Solo un celular con conexión a internet te facilita la información sobre cualquier cosa que quieras conocer.

Estoy seguro que a Charles le hubiese ido bastante mejor si hubiese tenido un Iphone pero no fue el caso y estamos a dos siglos de distancia como para ir a ayudarlo.

Con esta gran ventaja de contar con el conocimiento universal en nuestro bolsillo no nos va mucho mejor que Charles Ingalls al momento de emprender. ¿Por qué sucede esto?

Algunos de los motivos más conocidos son:

La Soberbia:
A nadie se le ocurriría operar a una persona sin antes haber estudiado para cirujano o manejar un avión sin ser piloto y podría seguir con los ejemplos. Cuando se trata de emprendimiento, la regla se rompe.

Es verdad que hay personas que nacen con un don natural pero son realmente muy pocas u otras que se han criado en un ambiente emprendedor por ende lo han mamado desde pequeños, pero el resto de los mortales no tenemos conocimientos sobre emprendimiento en general, sin embargo solo un poco de intuición parece ser suficiente preparación para manejar una multinacional.

Negocios Antiguos en la Era Moderna:
Muchos son los emprendimientos que intentan florecer en un mercado casi extinto o con metodologías que ya están casi en desuso. Aunque te resistas el futuro ya llegó y lo que antes funcionaba ya no lo hace o va camino a ser algo inútil.

Hace muy pocos años atrás las tiendas virtuales eran toda una novedad y causaban gran incertidumbre, miedo y hasta rechazo principalmente en adultos mayores. Entregar datos personales, dirección y números de tu tarjeta de crédito era solo para amantes del riesgo.

Los negocios que lograban ventas con esta modalidad por lo general eran marcas reconocidas y fuertes, con grandes locales, lo cual brindaba ese respaldo a algo tan extraño como la compra on line.

Pensar en una tienda virtual sin un local comercial que la respalde era una locura.

Hoy a menos de 20 años, la tendencia a cambiado tanto que es una locura tener un negocio sin pensar en presencia online al menos en redes sociales.

Aun así hay mucho empresarios y dueños de negocio que se resisten a hacerlo o le dan menor importancia.

Ir sólo por las masas.

Antiguamente los grandes negocios se pensaban de una sola manera. Apunta a las masas, cerca del medio. Ni muy caro ni muy barato, flotando al centro y este era el mejor lugar para estar. Esto ha cambiado drásticamente ya hace muchos años y la tendencia es a la especialización.

Satisfacer a las masas es muy difícil y costoso, lo que llevó a que las tendencias se centren en los nichos.

Pequeños y mucho más redituables grupos de personas comparten similitudes y gustos.

Ignorancia Tributaria.

Aunque no lo creas, la inmensa mayoría de los nuevos emprendedores en Latinoamérica ignora las leyes tributarias de su país cuando fijan sus precios de venta al público.

Esto hace que al momento de sumar los márgenes impositivos a sus costos, queda prácticamente sin margen de ganancia y enfrentándose al mayor temor de los emprendedores novatos del mundo que es:

Aumentar precios.

Muchos de ellos optan por la segunda opción que es bajar su calidad y achicar costos. Es entonces que desde el principio comienza un espiral de decadencia que en gran número termina en la quiebra.

Todas estas malas decisiones, falta de conocimientos, y soberbia para admitirlo hace que el emprendedor parezca más un jugador de ruleta que un empresario.

Juegan a un número o a diez números todos juntos y si aciertan celebran si erran prueban con otros, a ciegas y con la suerte como bandera.

Por momentos su manera de tomar decisiones es más similar a tomar un puñado de fichas y ponerse en la cabecera paño. Tirar las fichas que caen en diferentes lados y alentar eufóricamente por que sean los ganadores. Si aciertan repetirán la operación, si fallan se quedan con cara de sorprendidos preguntándose ¿qué pudo salir mal?

En mi libro el Emprendedor Huérfano, hablo de una tendencia terrible que es que el 90% de los negocios cierran antes de cumplir su primer año y aunque se ha multiplicado de manera exponencial el número de emprendedores, el porcentaje de quiebras no se altera.

Hay muchos más emprendimientos, muchos más emprendedores armando y proyectando sus negocios lo que nos podría llevar a pensar que el contexto a mejorado y le han "Encontrado la vuelta" a la problemática emprendedora. Pero no, el número sigue siendo el mismo.

Y aunque se lo importante que es el número de fracasos, también debería importar el número de corazones rotos que estos fracasos producen.

Ese emprendedor que ha puesto todos sus sueños, todas sus ganas y todos sus ahorros en ese emprendimiento y hoy los ve derrumbarse. No sabe si fue su culpa, si fue la crisis o solo mala suerte, lo cierto es que puede que ya nunca más lo intente y cargue por muchos años con la culpa, las deudas y el resentimiento de ese fracaso con la seguridad que "emprender no es para mí" por el resto de sus días.

Me niego rotundamente a aceptar eso y lo he transformado en mi misión de vida.

Desde hace un tiempo que he decidido que mi misión es "Inspirar y educar a emprendedores para transformar su negocio o idea de negocio en una empresa exitosa, de ventas constantes y crecimiento sostenido "

El sólo escribirlo me pinta una sonrisa en la cara.
El mundo necesita más emprendedores. Muchos más.

De los serios y responsables para saber que quizás no lo saben todo.

De los locos y visionarios que son capaces de cambiar al mundo con una idea.

De los entusiastas y valientes que a pesar de tener todos los vientos en contra y tropezar varias veces, se levantan una y otra vez porque saben que es su destino y su misión en esta tierra.

También necesitamos a los que tienen miedo al que dirán. Ellos seguramente tienen ideas tan novedosas y poderosas que los aterra pensar en cómo serán tomadas por los más conservadores. Queremos ayudarlos a vencer sus miedos.

El mundo necesita a los emprendedores enojados, los que fallaron y lo pagaron muy caro perdiendo mucho dinero. Si es tu caso y estás leyendo estas palabras me alegra muchísimo saber que te tenemos de regreso.

El mundo necesita más emprendedores y entre vos y yo vamos a sumar nuestro granito de arena. Desde mi lado, llevando a cabo mi misión y este libro es parte de ella.

Desde el tuyo primero aprendiendo y poniendo en práctica lo aprendido que será mucho, por momentos batallarás con muchos de los paradigmas que quizás hoy estén instalados en tu cabeza aunque sea de manera inconsciente pero sé que estás preparado y listo para hacerlo y esa puesta en marcha del conocimiento demostrará que eres el mejor ejemplo que si se puede emprender con éxito.

CAPÍTULO II
ARCHI VILLANOS AL ACECHO.

Todos amamos las historias. Ellas nos han acompañado desde el principio de los tiempos - donde los ancianos de las tribus animaban las noches alrededor de una fogata y con sus historias como protagonistas principales hasta el mismo presente.

Según tu edad puedes variar de estilos, pero lo cierto es que todos las amamos. Desde chicos con fabulas y cuentos, ya de más grandes pegados a la tele. De adolescentes seguramente con alguna película de terror y hoy en día con alguna serie de Netflix.

En fin…. Todos disfrutamos ver el héroe vencedor, el rescate del rehén, el sueño conseguido y el final con beso de los protagonistas.

¿Pero sabes qué amamos todos también? A los Enemigos y Villanos.

Ninguna historia puede entrar en la categoría de "imperdible" si no tiene un malo de esos que valen la pena. De hecho, las mejores historias morirían sin el villano. ¿No crees?

¿Qué sería de las princesas de los cuentos sin sus respectivas brujas, reinas, o madrastras malvadas? ¿Aburrido verdad?

¿Qué sería de Batman sin el Guasón, Gatubela, El Acertijo, Dos caras? Sería solo un loco que anda disfrazado de murciélago por la ciudad. Casi un neurótico.

¿Y Superman? Si el hombre de acero no tuviese sus correspondientes villanos seria solo… Periodista!

¿Y sabes qué más? Tu historia emprendedora también tendrá algunos enemigos y villanos.

Por momento te van a hacer pasar algunos malos momentos, te traerán inconvenientes, momentos difíciles y muchos miedos. Pero al final de la historia y con el camino ya recorrido te darás cuenta que en algún punto… Fueron necesarios.

A diferencia de los villanos de las historias y películas, los nuestros no son tan fácilmente identificables, saben camuflarse. Algunos han vivido con nosotros y hasta hemos sido sus aliados.

Es por eso que me tomé el atrevimiento de armar algunos Spoilers y adelantos de los villanos que puedes encontrar en tu camino emprendedor.

Además te cuento que he librado algunas batallas con la mayoría de ellos y ninguno es invencible. Por eso quiero que te prepares por que alguna que otra vez vas a encontrarte con alguno de ellos. Así que aquí vamos con los más famosos villanos del mundo emprendedor.

Creencias Limitantes. Tus sueños cercados

Salvo las personas que han tenido la suerte de criarse en un clima emprendedor desde pequeños, la mayoría crecemos con creencias limitantes y muy negativas para con el emprendimiento, el éxito en los negocios y en algunos casos sobre el dinero.

Muchos de nosotros crecemos con una mirada negativa para con el empresario exitoso y aunque afortunadamente hoy en día eso se está revirtiendo y algunos son casi estrellas de rock , en nuestro inconsciente vive la idea que el éxito empresarial es malo o tiene muy malas costumbres. El empresario de rápido crecimiento suele ser motivo de desconfianza en lugar de admiración.

"Nadie triunfa tan rápido haciendo las cosas de manera legal" diría mi abuelo.

Esas semillitas se siembran en tu cabeza y a veces de manera muy visible y presente, otras veces a la sombra en un rincón pero lo cierto es que siempre crecen y un día nos encontramos repitiendo un refrán y sospechando del rápido crecimiento económico de algún amigo.

Si a esto le he sumado refranes negativos, dichos populares y algunos malos consejeros (de los que más adelante hablaremos) formará un coctel explosivo en nuestra cabeza que nos frena, nos boicotea y se pone en batalla con nuestro deseo emprendedor ya que estás planeando cómo convertirte en esa persona de la que solo tienes creencias negativas.

¿Cómo combatirlas? Con nuevas y más amigables creencias.

Ya estás dando un gran paso que es entender que las tienes, todos tenemos las nuestras.

Ahora tu trabajo será elaborar un nuevo conjunto de ideas, que se transformarán en tus creencias positivas para contrarrestar las anteriores. Porque lo cierto es que durante un tiempo las creencias negativas van a seguir viviendo en ti y más de una vez van a florecer y reaparecer con fuerza pero con un poco de perseverancia y estas nuevas y más positivas creencias las vas a eliminar.

Aunque no sé exactamente cuáles son tus creencias limitantes personales, las de la mayoría son similares y una excelente manera para comenzar a erradicarlas definitivamente es hacer una lista donde describas el tipo de negocio y el tipo de emprendedor en el que vas a convertirte. Concéntrate exclusivamente en la parte social de tu negocio, en los valores morales que tú tienes y que no estás dispuesto a corromper de ninguna manera.

Puedes hacer una lista con los beneficios que tus productos otorgan a tus clientes o futuros clientes y cómo eso les mejora la vida, les resuelve un problema. Eso no solo es una idea muy positiva con una gran percepción sobre la misión que tendrá tu negocio sino que además a medida que vayas avanzando con el libro vamos a usar esto para muchas cosas.

Puedes también hacer una lista con tus virtudes empresariales actuales o las que aspiras tener. Cómo quieres que tu personal trate a los clientes y/o resuelva los problemas.

Ponte como meta poder colaborar con alguna entidad benéfica en un futuro; sea con dinero o pegando un afiche en tu vidriera. De esta manera agregas ideas positivas a la imagen del emprendedor. No tomes esto solo como un ejercicio de autosugestión positiva sino como las reglas y estándares que tu negocio ofrece y aspira a tener.

Las aspiraciones Irreales.

Siempre que pueda voy a elegir jugar en el equipo de los optimistas. Para ellos las cosas son mucho más simples y gracias a su habitual sonrisa suelen tener más oportunidades.

Pero hay un pequeño grupo que son los "optimistas con anabólicos" que son un poco más peligrosos.

Ellos son los que retaran al campeón mundial antes de haber tenido al menos una primera pelea de práctica. A pesar de reconocer su valentía y optimismo, el campeón no solo llegó a ese nivel por ser el mejor. Además tiene mucha experiencia, resistencia y una serie de artimañas que no son fácilmente identificables y eso lo puedes pagar con un duro knock-out en el primer round.

Siguiendo con el ejemplo boxístico podemos aprender de los grandes entrenadores y notaremos que por más talentoso que sea el luchador, la mejor manera de consolidar un campeón del mundo es llevarlo paso a paso, sin quemar etapas para que al momento de retar al campeón llegue no solo con su optimismo y talento, sino que también con experiencia y tus propias artimañas.

Aunque me encanta que pienses en grande no busques quemar etapas.

Lucha primero con los contrincantes de tu tamaño y al vencerlos ponte un nuevo reto. Consolida tu posición en un mercado y ve por otro. Posiciona un producto y agrega uno más. Ponte como meta vencer al campeón, ser el líder de tu mercado, pero debes hacer tu camino y transformarte en el empresario y líder que debes ser para mantenerte al frente del nivel de éxito que buscas, de lo contrario la caída será realmente dolorosa.

Los Malos Asesores.

Soy argentino y en mi país todos sabemos de todo. Y cuando te digo de todo es desde futbol hasta viajes espaciales, con todo lo que se te ocurra en el medio y claramente tenemos la solución para cualquier problema que se te ocurra.

Esta gran virtud de saber de todo hace que por momentos suframos brotes de Opinionitis Popularis Crónica que es una enfermedad que ataca al emprendedor, especialmente al novato y mucho más aún al innovador. ¿Cómo saber si te han contagiado? Fácil. Sufres de duditis aguda, miedos avanzados, incertidumbre y otros síntomas y la única cura conocida es la sordera permanente.

Ahora hablemos en serio…

Un gran consejo que puedo darte es: No tomes todos los consejos.

Por supuesto que todo el mundo puede opinar lo que quiera sobre el tema que quiera pero nosotros tenemos que saber filtrar qué opinión es válida y cuál es apenas considerable y cuál dejaremos que rebote y
caigan al piso.

Tómate el tiempo para elegir muy bien qué voces y qué tipo de ideas dejas entrar en tu cabeza, ya que hay muchas que pueden ser realmente dañinas. Esto no quiere decir que te vuelvas un soberbio o un sabelotodo sino que hay voces que con la excusa de las "buenas intenciones" te cargan de cosas que no necesitas y no suman absolutamente nada.

Durante mi vida emprendedora he recibido todo tipo de consejos de todo tipo de personas. Los buenos, los malos, los justificados, los sin sentido. Los que no son más que una frase o dicho popular y son realmente ofensivos y dañinos. Algunos que vienen disfrazados o suavizados con advertencias del estilo: "Te lo digo porque soy tu amigo/madre/hermano/etc." que ya sabes desde el comienzo que no va a ser un mensaje alentador. Lo cierto es que con el tiempo aprendí a crear un filtro con algunas reglas que hace que los "consejos Spam" no lleguen a la bandeja de entada. Te los comparto.

1- Quién es la persona y desde qué experiencia emite su opinión: No tomarías consejos médicos de un mecánico automotriz ni consejos mecánicos de un doctor.

2- No aceptes críticas constructivas de personas que no han construido nada: La frase se explica por sí misma.

3- Bloquea el refrán o dicho popular: este es el más difícil de detectar porque son frases o dichos que todos conocemos desde siempre y a veces las utilizamos simplemente para opinar (todos amamos dar consejos y opiniones) y de alguna manera ya están dando vuelta en nuestra cabeza. La verdad es que la mayoría de ellas son demasiado conservadoras para estos tiempos (mejor pájaro en mano que cien volando), algunas con mensajes muy malos respecto del dinero (pobres, pero honrados) y otras que no tienen sustento real más que algunos casos aislados (en casa de herrero, cuchillo de palo).

¿Qué te recomiendo?

Si te duele la muela, ¡ve al dentista! Si quieres saber algo sobre negocios, habla con personas que tengan un negocio o consulta un asesor de negocios.

Acepta consejos de personas que saben cómo es estar en la cancha, que conozcan lo que es pagar sueldos o que sean estudiosos del movimiento emprendedor. Escucha a los expertos, innovadores, casos de éxito y casos de fracasos de todos vas aprender pero asegúrate que sea una opinión con sentido y si es con experiencia aun mejor.

El gran John Maxwell dice:
"Cuando quieras emprender algo habrá mucha gente diciendo que no lo hagas, cuando vean que no pueden detenerte querrán decirte cómo hacerlo, y cuando vean que lo has logrado dirán que siempre creyeron en ti".

El Punto Flaco.

Además de conocer quiénes son nuestros enemigos y villanos en nuestra historia, debes conocer cuáles son tus debilidades porque ellos suelen atacar justamente allí.

Y sé perfectamente que todos somos diferentes, pero en un gran número sufrimos de los mismos "Puntos Flacos". Esos lugares más sensibles o con menos defensas. Y no me apena decir que tuve bastantes y tengo algunos actualmente. Con el correr de los años aprendes a controlarlo y vencerlos pero al principio pueden ser duros. Pero no te alarmes demasiado por qué no son más que simples y comunes Miedos. Iguales a los que tuviste de chico, que quizás conserves algunos y que sabes perfectamente que pueden superarse y hasta vivir con ellos.

Veamos algunos de los más comunes

Miedo a Comenzar: El señor perfecto

Este es un miedo muy difícil de identificar por que suele esconderse detrás de la buena prensa de algunas costumbres como el perfeccionismo.

"Si voy a hacerlo, voy a hacerlo perfecto o de lo contrario no lo hago".

Suena como alguien poderoso y con grandes convicciones. ¿Quién se atrevería a decirle algo negativo a una persona que quiere hacer las cosas de manera perfecta?

El problema es que esta es una gran escusa para "aun" no hacerlo.

Quizás mañana, o cuando termine de aprender tal cosa o cuando consiga esta otra, o mejor esperemos a estar en temporada y así es como escusa tras escusa vas postergando tu éxito. Esto no es perfeccionismo mi amigo, esto es miedo y del más puro.

¿Y sabes qué? No tienes que avergonzarte de tener miedo, es normal y es hasta sano que así lo sientas. Pero no lo dejes adueñarte de tu vida, de tus proyectos de tu éxito.

El perfeccionismo es solo una idea utópica que en realidad busca algo que no existe, por que no existe el producto, proceso, persona o servicio perfecto.

Eventualmente y luego de muchos años de experiencia vas a poder estar cerca y con el tiempo vas a adelantarte a los problemas y situaciones imprevistas pero inconveniente y errores siempre habrá.

Así que ya no pierdas el tiempo, el momento es ahora. Ya sabes lo suficiente y ya tienes suficiente tiempo buscándole la vuelta a todo. Eso que aún crees que te falta solo vive en tu cabeza y no te va a dejar avanzar nunca, así que mejor lo sueltas ahora mismo.

La mejor manera de sobrevivir al perfeccionismo es primeramente aceptar que detrás de él se esconden tus miedos y una vez lo aceptas comienzas a planear verdaderamente tu proyecto.

Cuando logras aceptar tu miedo también asumes que a pesar de sentirlo vas a comenzar y te atreves a convivir con él, todo el tiempo que sea necesario hasta vencerlo.

Miedo a ser diferente: Los Hermanos Gemelos

Tengo la fortuna de tener a mi lado una compañera de vida realmente maravillosa. Yanina mi esposa es una mujer bella, joven, inteligente, y en estos casi quince años que llevamos juntos hemos armado una hermosa familia y como todas las parejas tenemos nuestros propios códigos.

Uno de nuestros particulares códigos es que ella me hace saber a veces directamente otras veces indirectamente qué quiere de regalo para su cumpleaños, día de las madres o navidad. Esto que puede verse como una "falta de sorpresa", en nuestro caso es puro pragmatismo.

Ella ama la ropa y los perfumes y aunque puedo ingeniármelas para comprar un buen perfume yo solo, soy pésimo eligiendo ropa que le guste y en ocasiones necesito que deslice de manera "casual" información sobre un par de jeans o un vestido que vio y le gustaría tener. Muchas veces nuestra hija Martina hace las veces de doble agente, investiga y me pone al tanto de lo que debemos buscar.

En su último cumpleaños fue muy explícita y pidió le regale un conjunto de gimnasia, pero me dejó en bien en claro que ella lo quería elegir.

Reiteradas salidas al centro comercial de nuestra ciudad, y de las localidades vecinas la traían siempre enojada y con una frase que se repetía: ¡No hay nada!
Mi primera impresión fue creer que quizás era por su propia indecisión o que tenía pretensiones muy elevadas. Hasta que un día me pide la acompañe y que la ayude a decidir.

En la recorrida me di cuenta que con su frase "No hay nada" omitió algunos detalles

Cuando salís a "ver vidrieras" si no te gusta lo que ofrece un lugar buscas otro, hasta dar con el lugar que tienen lo que buscas. La sorpresa fue encontrarnos en la situación de ir de local en local para que todos ellos nos ofrecieran una y otra vez el mismo producto en locales que estaban pegados uno al otro o a escasos metros y la secuencia se repetía como una escenografía de dibujos animados cuando hay una persecución.

Hubo momentos donde salí del negocio a revisar la fachada para asegurarme de no haber entrado dos veces al mismo lugar.

Un centro comercial de varias cuadras con más de diez locales de ropa deportiva que tenían el mismo conjunto, calidad, colores y valor. Volvimos con las manos vacías nuevamente.

¿Por qué tantos lugares con exactamente los mismos productos? ¿Por qué los negocios ocupan más tiempo y esfuerzos en ofrecer lo mismo que su competencia, que en tener una oferta superadora o diferente?

Creo que es la respuesta, es una combinación entre inseguridad y falta de conocimiento de su cliente hace que tengan miedo de perder la oportunidad de vender "ese producto" que consideran que al estar de moda todos desean, y asumen que es el gran secreto del éxito.

En los próximos capítulos verás porque esto es un tremendo error, y cómo los clientes odian los negocios aburridos y clonados.

Como si esto fuera poco, lo único que logras cuando no ofreces diferencias valiosas para tu cliente es entrar el "La Guerra".

Miedo al precio: La guerra en la que pocos (o nadie) ganan:

Un problema que sufren muchos emprendedores y principalmente en sus comienzos. El gran mito popular sobre "Vende barato".

Algo que se piensa como técnica infalible está verdaderamente muy lejos de ser real y muchos caen en la tentación de atraer clientes con precios bajos para darse cuenta al tiempo que no pueden sostener su negocio operando de esta manera, es entonces que sufren todo tipo de pánico al momento de verse en la necesidad de tener aumentar sus precios.

El precio bajo es un elemento de atracción importante, muy importante podría decir, pero no puede ni debe ser el único motivo de compra que le das a tu cliente y si lo haces debes saber que el cliente que mayoritariamente vas a atraer es al que piensa solo en precio bajo.

Este cliente, va abandonarte sin ningún tipo de remordimiento si consigue un centavo menos en cualquier otro lado y allí comienza algo muy peligroso como es la guerra por precios.

Si a pesar de las advertencias todavía piensas que usar la estrategia de precios bajos voy a contarte lo que sucede en un gran número de casos.

Existen dos escenarios posibles:

Guerra contra competidor grande:

Cuando te enfrentas con un competidor grande (en términos comerciales) tu desventaja es fácil identificar. El al ser más grande, más antiguo, con mayor estructura y respaldo económico seguramente cuenta con:

1- Mayor poder de compra: tiene la capacidad de comprar mayor volumen o mayor cantidad por eso conseguirá un mucho mejor precio, lo que le dará un mayor margen de ganancia o mayor margen para seguir bajando el precio hasta el punto que tengas sus competidores desistan de la competencia.

2- Mayor respaldo económico: Si la guerra se pone mucho más cruel y sangrienta el competidor grande gracias a sus años en el mercado cuenta con mayor respaldo económico y puede hasta darse el lujo de no ganar o hasta perder dinero vendiendo al mismo precio o por debajo del precio de compra hasta hacer desaparecer a sus competidores y ya luego modificar al valor que le convenga.

Guerra con Competidor de tu tamaño:
Cuando dos negocios de similar trayectoria, tamaño y respaldo entran en la guerra de precios esto es lo que sucede.

Vamos a usar como ejemplo dos mueblerías y que su producto será un juego de living.

El comercio número uno que llamaremos Mega Amoblamientos tiene su producto estrella a un excelente precio. Es un juego de living para cuatro personas. Su costo es de $ 2,700 y se vende por $ 3,999. Con un margen de ganancias cercano al 50% este producto "se vende como pan caliente".

Es entonces que "Eco Muebles" decide ofrecer el mismo producto pero elevar la oferta y la ofrece a un valor de $3,499, con una ganancia del % 30, atrae a los cazadores de ofertas.

Afectado directamente por esta propuesta superadora, el dueño de Mega Amoblamientos levanta la apuesta y lleva su margen de ganancias al 10% y la oferta cae hasta $ 2,999, es entonces que Eco Muebles decide vender con margen CERO para así quedarse con el cliente con la ilusión de que ese cliente que llega por la oferta, lleve también otro producto para que así valga la pena el esfuerzo.

Su competidor, se retira de la pelea y siente que ha ganado. Pero ¿ha ganado realmente?

Sin margen de ganancia se ve en la necesidad de buscar y encontrar rápidamente el mismo o similar producto pero a un menor precio para tener una rentabilidad y cómo se podía prever, lo que consigue es bajar considerablemente la calidad.

En esta guerra perdieron todos.

Otro dato importante es el sentimiento que genera un precio que se percibe como muy bajo y es realmente curioso. Este tipo de ofertas a menos que cuente con el respaldo de una gran marca o de grandes cadenas pueden tener un efecto contrario al buscado y en lugar de atraer masivamente compradores seducidos por precios bajos generan un efecto contario que es un alto nivel de desconfianza.

Gran parte de los potenciales clientes sienten que hay algo oculto, algo que no saben o algo que falta y ante estas dudas prefieren evitar sentirse estafados por algo de mala calidad y suelen elegir otra opción.

Caso contrario sucede con un precio alto o más alto que la competencia.

El cliente tiene una percepción positiva al comprarlo. Aunque ha desembolsado una suma mayor siente que ha elegido la mejor opción y prefiere pagar más que sufrir con un mal producto.

Hay muchos estudios que muestran cómo dos productos estéticamente iguales, elaborados con las mismas materias primas, puestos a la venta en el mismo lugar y como una única variante su precio, siempre que el cliente cuente con la posibilidad de hacerlo elegirá el más costoso.

Se ha entrevistado a compradores luego de su compra y consultado el por qué de su elección y aunque sin argumentos claros para demostrarlo, aseguran que perciben una mayor calidad en el producto más caro.

El mejor consejo que puedo darte y que más adelante trataremos en profundidad es que busques diferenciarte de tu competencia. Y no solo en cosas que solo te importan a ti como tu marca o el color de tu logo, sino en cosas que valore el cliente y que te aleje de la competencia por precios.

Si pones algo diferente en la mesa, que sea bueno, que se perciba como deseable y útil, que realmente tu cliente valore, vas a encontrar un mercado hambriento, vas a conectar con ellos y vas a marcar un punto de inflexión en tu negocio.

Resumiendo: Se diferente, escucha y enamora a tus clientes con tu propuesta diferenciadora y deja de pelear por monedas.

Miedo a cambiar: El choque de planetas

Estamos presenciando un momento histórico en cuanto a avances tecnológicos en absolutamente todos los ámbitos de nuestras vidas y esto nos tiene a todos fascinados.

Vivimos la experiencia principalmente con largas horas en internet, en redes sociales, pagando nuestras cuentas sin movernos de casa, hablando cara a cara en una video conferencia con un amigo de otro continente o yendo de compras a el otro lado del planeta desde nuestro Smartphone.

Esta velocidad hace que todo sea rápidamente renovado, superado y hasta descartado y los negocios no son la excepción. Las reglas han cambiado de tal manera que están a punto de colisionar dos reglas del conocimiento.

Una de ellas dice que una persona para ser experto en algo necesita diez mil horas de práctica. Y la otra y más nueva dice que la información se renueva cada dieciocho meses.

Es decir que necesitas casi catorce meses de práctica continua e incesante (equivalente a las diez mil horas) para ser un experto en una disciplina que en cuatro meses más será modificada.

El choque de estas dos leyes sobre la información y el conocimiento hace que hoy no sea suficiente ser el experto número uno en un tema o un mercado, además debes ser extremadamente rápido y atento.

Esto causa un gran rechazo principalmente en los emprendedores con más años en el mercado que se encuentran con la necesidad de cambiar o morir, en la obligación de transformarse cuando llevan décadas con una solo metodología que fue la que los llevo al éxito.

He tenido la oportunidad de trabajar con empresas de mucho renombre y trayectoria y ha sido un verdadero desafío ayudarlos a entender y unirse al proceso de cambio constante en el que vivimos y por momento sus argumentos para mantenerse tal como estaban durante muchos años mas eran realmente convincentes. Estoy hablando de empresas con casi un siglo de trayectoria y no es que sean solo algo testarudos, sino que tienen todos esos años como aval.

Mi recomendación es que no te resistas, sino por el contrario Adáptate.

Estas son las nuevas reglas del mundo en el que vivimos y puede que no nos guste pero no las manejamos nosotros.

Llevo ocho años desde que inicié uno de mis negocios de venta de muebles y trabajamos ciento

por ciento online. Durante este tiempo he tenido que reformular casi desde cero al menos cuatro veces la manera de trabajar, vender y promocionarnos. Ha sido un desafío muy grande pero siempre ha funcionado mejor adaptarnos y actualizarnos que resistirnos y hacer berrinches.
Comienza a dirigir tu negocio y a actuar en lo que he bautizado "modo Smartphone"

Si de repente comienzas a notar que tu negocio anda lento, tiene problemas de funcionamiento y consumen demasiada energía es que seguramente necesitan actualización.

Miedo a la realidad: El desconocimiento

Como te conté anteriormente se dice que un experto necesita diez mil horas para serlo y un buen emprendedor necesitara varias más ya que para tener éxito necesitará volverse un verdadero experto en tres factores fundamentales: su producto, su mercado y fundamentalmente su cliente.

La explicación es muy sencilla:

Si no conoces su producto no podrás responder las dudas que tengan tus clientes como por ejemplo su calidad, rendimiento, y fundamentalmente beneficios. Además, pocas cosas generan más desconfianza que un emprendedor que desconoce las bondades del producto o servicio que espera vender, y sin confianza no hay clientes.

Como segundo punto el desconocimiento del mercado es una de las desventajas que un emprendedor no puede permitirse. Esto hace que esté literalmente a la deriva disparando al aire.

Si no conoce cuál es su competencia, qué es lo que ellos ofrecen al mercado, precios, servicios y qué tanto se venden actualmente servicios o productos similares, casi todo en tu negocio está librado a un golpe suerte.

Y por último el cliente. Aquí hay uno de los más grandes paradigmas del emprendedor y más del emprendedor desesperado que es que todo mundo tiene cara de cliente y nada está más lejos de ser cierto. Quien no sabe quién es su cliente no sabe nada, porque no sabe a quién le hablará, de qué manera va a hablarle, si eso que va a comunicar con su oferta es seductor o importante para quien lo reciba o le importa un pepino. Literalmente está inmerso en su propia burbuja y nuevamente con la suerte como recurso.

Todo este desconocimiento general nos lleva a un cuarto miedo que es el miedo a planear

Miedo al Futuro: El Desorientado.

¿Alguna vez te preguntaste dónde estará tu negocio dentro algunos años? ¿Crees que seguirá existiendo? ¿Habrá crecido? ¿Estará igual?

Se estima que tan solo el % 10 de los emprendedores tiene un plan de metas para su negocio y puede que aquí esté la clave de todo el contexto dramático del mundo emprendedor donde existe tanto fracaso.

Esto quiere decir que el 90% de los negocios van literalmente a la deriva, reajustando su rumbo según el día, la semana o el mes. Este reinante cortoplacismo hace que sea inviable pensar en un negocio exitoso, líder en su mercado y con proyección en el tiempo.

Tu negocio tiene que tener Sí o Sí un horizonte, un lugar hacia dónde ir y obviamente un lugar dónde llegar, porque si no sabes dónde es que vas, es muy posible que nunca llegues.

Tu Negocio necesita un Plan. Uno detallado y minucioso para llevar tu negocio desde donde hoy se encuentre hasta dónde deseas que esté en el futuro.

Este plan debe pensarse a largo, mediano y corto plazo lo más detalladamente posible y con el compromiso de la acción diaria. Todos los días debes tener una tarea que te acerque más y más a esa meta, no importa si es un metro o un milímetro lo importante es la acción constante para crear un saludable habito de éxito.

Y te seré muy sincero, cuando tienes un plan a diez años habrá momento donde quizás las cosas no sean como creíamos y algo falle. Es entonces que tendrás que repensarlo o rediseñarlo en base a la nueva realidad, que puede ser una crisis, un cambio de rubro o cualquier tipo de problemas. Pero tienes que saber que esto es solo un pequeño bache en el camino que puede quizás demorar un poco la llegada. Nadie está exento de pinchar una rueda en su viaje, ¿Verdad? Pero aun sigues sabiendo que tienes un mapa con un destino de llegada.

Si acabas de ser consciente que nunca has tenido un plan y mucho menos un plan de metas, no te preocupes en los próximos capítulos voy a enseñarte la fórmula para proyectar tu negocio en el tiempo y crear un poderoso plan de metas para los próximos diez años.

Ahora que conoces algunos de los villanos con los que vas a toparte en tu camino emprendedor y los puntos débiles por los que pueden atacarte, tienes la ventaja de saber que si estás atento los vas a ver venir desde muy lejos y vas a estar mucho más preparado.

Pero te tengo una yapa preparada. Así como en este capítulo te advertí de los villanos, en el próximo capítulo te enseñaré a desarrollar tus Súper Poderes de Emprendedor para que la batalla….sea pan comido!

CAPÍTULO III

EL SÚPER HÉROE DE TU VIDA

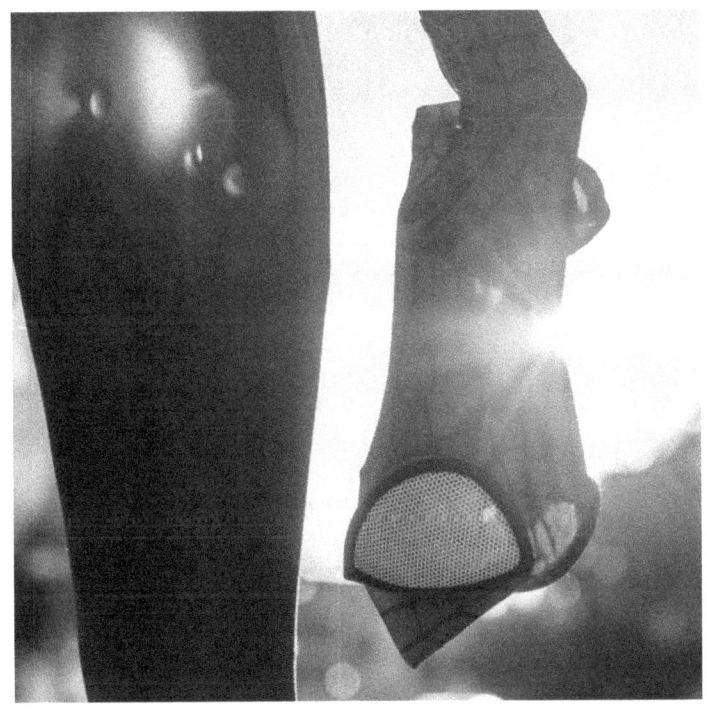

Aun me veo de niño, corriendo, saltando o rodando por el suelo, usando una rama como arma otras veces solo los dedos pero con la imaginación como aliada principal. Una remera como capa y la ropa interior por arriba del pantalón era el traje.

No importa qué edad tengas mi amigo/a , estoy seguro que al menos una vez jugaste a ser un súper héroe. Esos nobles paladines de la justicia que enfrentaban ferozmente en incontables batallas a los más peligrosos malhechores sin mayor recompensa que la satisfacción de que el bien triunfe.

Los más conocidos como Batman o Superman, los más exóticos como Linterna verde o Aquaman o los de fama mas reciente como Wolverine o Spiderman, lo cierto es que todos en algún momento hemos soñado con ser como ellos y tener sus poderes, su valentía sus valores.

Hoy te invito a hacer esto realidad, quiero recuerdes a esos Súper héroes de la infancia y vamos a convertirnos no solo en uno de ellos sino que vamos a armar uno mucho mejor, más fuerte, con más súper poderes. ¿Estás listo?

Comenzamos.

Si hay algo que caracteriza a los súper héroes además de sus poderes y es su historia.

Todos ellos tienen un pasado muy fuerte y en algunas ocasiones algo traumático que los ha llevado a ser los súper héroes que hoy son y en muchos casos son el motivo principal por el cual dedican su vida a luchar por el bien y la justicia.

Hagamos memoria: Batman queda huérfano a manos de un ladrón qué intenta robar a sus padres. Spiderman luego de ser picado por una araña radioactiva se divierte y disfruta un poco de sus poderes hasta que pierde a su tío a manos de un malhechor que el mismo deja escapar, y Superman es el único sobreviviente de un planeta muy lejano.

Todos han tenido un motivo muy importante y hasta doloroso para dedicar su vida a luchar por la justicia. Este gran dolor ha dejado marcas, varias enseñanzas y un ferviente deseo de trabajar para que las cosas cambien.

La pregunta obligada es: ¿Cuál es tu historia?

Estoy seguro que no te despertaste una mañana con deseos de abrir un local al grito de "¡Empleados e impuestos! Eso es lo que necesito en mi vida para ser feliz "

Algo te trajo hasta aquí, a tomar la decisión de emprender y estudiar las maneras de hacerlo profesional y exitosamente. Algo te condujo hasta este libro y seguramente eso que te trajo hasta aquí viene acompañado de un ferviente deseo.

Solo tú sabes cuál es ese deseo y si no lo tienes demasiado claro o bien identificado te recomiendo que lo hagas ahora, ya mismo, porque él será el que en los momentos de debilidad te ayudará a levantarte.

El primer trabajo para armar tu súper héroe emprendedor es describir tu historia.

El cómo y por qué llegaste hasta este libro y volverte plenamente consciente de ese camino y las lecciones que atravesarlo te ha dejado. Cómo y por qué has decidido emprender, si es tu primera vez o ya tienes otras experiencias. En tu historia vamos a encontrar lecciones, experiencias y muchas situaciones que nos ayudaran a no cometer algunos errores. Tu historia es también es un gran factor motivacional ya que nada es porque si, y en ella podemos encontrar muchos motivos que se esconden muy dentro de ti que al descubrirlos se transforman en uno de tus más poderosos poderes.

Toma una hoja y comienza a escribir. Léelo frecuentemente y tu memoria irá disparando más y más recuerdos y de a poco formarás toda esa increíble y poderosa historia.

Tu segundo trabajo es descubrir tu motivo, tu deseo ardiente.

Eso que llevas en tu interior y que quieres alcanzar si o si. Eso que de solo pensar en tenerlo tus ojos brillan y se dibuja una sonrisa en tu cara. Ten es cuenta que ese deseo está íntegramente elaborado de la más pura esencia de ti (esencia de súper héroe emprendedor) y no puede ser algo que te de lo mismo, tiene que ser un deseo tan importante que no puedes pasar por esta vida sin alcanzarlo.

Este deseo va a ser nuestro combustible emocional más poderoso. Una vez lo descubras lo transformaremos en una Meta, para luego elaborar un plan de trabajo para alcanzarlo.

¿Vale la pena, verdad? ¡Te aseguro que si!

Mientras tanto avanzas en estas tareas voy a contarte un poco de mi súper historia y mis metas.

Súper Yo

Siempre fui emprendedor, hasta cuando no sabía que lo era. Recuerdo el despertar de mis primeros súper poderes cuando con mi hermana con apenas ocho años comprábamos golosinas en la distribuidora y las vendíamos a amigos y conocidos.

Ya en mi adolescencia tuve varios trabajos en los que siempre terminaba de encargado. Claro que como todo trabajo semi formal era encargado solo para los momentos de las responsabilidades pero no para merecer más dinero, pero ese es otro tema. Lo cierto es que siempre estuve al frente con responsabilidades en manejo de personal, proveedores y otros.

Todos estos extras no remunerativos que solía hacer me dieron una buena cantidad de experiencia que sentía como algo muy valioso al momento de lanzarme por mi cuenta.

La primera vez fue apenas pasado mis diecinueve años. Mi negocio era una panadería y desde un principio fue muy bien. Mis súper poderes de elaboración de panificados combinados con una buena cartera de clientes heredada de haber trabajado en un reparto de productos lácteos hicieron que el despegue fuera perfecto.

Buen trabajo y buenas ventas. ¿Qué puede fallar? ¡Fallo el país! Y una gran crisis en el año 2001 arrasó con mi negocio en apenas unos meses.

Luego de algunos años, con más experiencia y mis poderes mejor desarrollados me lanzo nuevamente. Esta vez con un restaurant. Estaba convencido que era mucho mejor chef que panadero, por ende ¿Qué podía salir mal?

Tardé un tiempo en descubrir cuál era mi criptonita, lo cierto que apenas 2 años después un nuevo fracaso pesaba sobre mis hombros pero esta vez fue un súper villano de los más poderosos ya que se llevo todo. Mi casa, mi auto, mis muebles y muy poco tiempo después mi familia.

Solo, abrumado por las deudas y muy mal anímicamente lo único que aún me movía era el saber que había identificado mis fallas y que sabía que podía corregirlas. Si lograba aprender una serie de habilidades básicas que todo emprendedor debe aprender (más adelante te contaré de qué se trata) podría recuperarme de este mal momento y ahora si emprender con éxito.

Fueron unos tres años donde al mejor estilo escena entre alumno y maestro en película Hollywoodense aprendí muchas cosas que sabía debía aprender, perfeccioné otras que aún no dominaba y otras que no tenía ni la mas pálida idea de que existían.

Con mis nuevas habilidades, mis deudas saldadas, mi familia recuperada, y un fuego inexplicable en mi interior me lanzo nuevamente con una de las ideas más repudiadas en la historia de las ideas de pequeños emprendedores. Una tienda virtual de venta de muebles.

Era el año 2011 y se que en muchos países era algo totalmente normal comprar por internet, pero en Argentina era algo que solo hacían los más osados. Por otro lado solo las grandes marcas lograban tener éxito con esta modalidad y obviamente este no era mi caso.

No contábamos con local de exposición ni años en el mercado que nos respalden. Sin embargo teníamos una manera de comunicar muy entusiasta, un público definido y por sobre todo un motivo gigante. Me había jurado hacía mucho tiempo que iba hacer lo imposible para no tener que nunca más estar dieciséis horas fuera de casa trabajando para obtener como única recompensa solo llegar dignamente a fin de mes.

En ese entonces mi hija Martina tenía apenas un año y me había jurado que nunca más pasaría días enteros viéndola dormida por las mañana cuando comenzaba mi día y dormida por las noches cuando llegaba a casa nuevamente.

A pesar de las incesantes opiniones negativas mi negocio fue un éxito. Cada semana teníamos más ventas, más clientes y más recomendaciones.

Por fin tenía un negocio exitoso, que me permitía tener más tiempo para mí y mi familia y te seré muy franco, lo disfruté a lo grande.

En aquel momento de mi vida usé mis súper poderes exclusivamente para mi beneficio personal. Recuperé mis muebles, mi auto, construimos nuestra nueva casa, fuimos de vacaciones a lugares que por años habíamos deseamos. Había diseñado un sistema de ventas que no me necesitaba de manera constante y con tan solo un par de horas al día era más que suficiente. Todo lo que había soñado alguna vez era mi realidad. Pero…

De repente comencé a sentirme desganado y un poco aburrido. Amaba todo lo que tenía y realmente lo valoraba pero sentía que no estaba tan feliz que debería estarlo.

Mientras tanto, el éxito de mi negocio hizo que me transformase en una especie de consultor constante de amigos, familiares, conocidos y otros. Irónicamente esas voces que me atacaban con mensajes poco alentadores hoy venían en busca de consejos. De estas situación es que viene el nombre de mi anterior libro "El Emprendedor Huérfano, de Negado a Consultado"

¿Y sabes qué sucedió? Me encantaba hacerlo.

De repente me di cuenta que me pasaba horas y horas trabajando en proyectos que nada tenían que ver con el mío y me encantaba hacerlo.

Y fue entonces que la llama se encendió nuevamente y con mucha fuerza. Encontré un nuevo deseo ardiente y una misión.

-Un gran poder conlleva una gran responsabilidad. Dijo el tío Ben a Peter Parker.

Y hoy siento que mis súper poderes deben estar al servicio y poder ayudar a más personas que a mí mismo.

Estos poderes que aprendí a desarrollar (el súper emprendedor no nace con poderes, sino que los desarrolla) podían hacer que más padres vean a sus hijos despiertos en casa y tengan tiempo para disfrutar de ellos, que más familia realicen por fin esos viajes que siempre planearon, compren su casa propia y muchos sueños más.

Esa es mi meta hoy en día, ayudar, capacitar e inspirar a emprendedores para que logren el éxito que buscan y merecen.

En otra palabra, a que desarrollen y disfruten de sus propios súper poderes y por qué no el día de mañana sientan al igual que yo que quieren ponerlos al servicio de alguien más.

¿Y sabes qué? Después de diez años desarrollándolos descubrí que mis poderes no eran suficientes para poder vencer a mis nuevos archi enemigos y por varios años tuve que capacitarme mucho más.

Hoy estoy aquí, alerta y preparado para acudir al llamado de algún emprendedor en apuros y trabajando día a día para cumplir con mi misión y por qué no formar un grupo de súper emprendedores que me ayuden porque sé muy bien que necesitaré ayuda.

Esta es mi historia, mis logros y mi misión. Este libro es una parte muy importante de mi misión y espero que sea el comienzo del desarrollo de tus poderes mi querido súper héroe o súper heroína.

Ahora que ya sabes de dónde vengo, y cuál es mi misión, solo me queda compartirte mis poderes y prometo lo haré un poco más adelante porque ahora no quiero distraerte de la tarea que te he encomendado: Escribe tu historia tal como viste en la mía, hay mucho en ella que te acompañará por el resto de tu vida y te ayudarán a no tropezar dos veces con la misma piedra.

Encuentra en ella que eso que te trajo hasta aquí, qué es lo que hace que quieras entrar en el mundo emprendedor que aunque es hermoso suele ser también hostil.

Busca cuáles son tus "por qué" y una vez los descubras serán un motor imparable, serán guías, serán combustible emocional constante para el más importante súper poder que existe que es el de jamás darse por vencido.

Desarrollando tus Súper poderes.

Como te dije anteriormente la gran mayoría de los poderes de un súper emprendedor son desarrollados así que prepárate para darle muy, muy, muy duro al entrenamiento.

Pero antes de comenzar hay una serie de requisitos indispensables que debes cumplir para poder formarte como súper emprendedor. Son cuatro requisitos muy importantes con los que debes contar y son conocidos como las 4D

Estas son Deseo – Decisión – Determinación y Disciplina.

Un Súper emprendedor en su etapa de desarrollo de habilidades no puede darse el lujo de entrenar sin alguna de ellas. Estas formarán las bases estructurales fuertes y solidas que necesitas para esta transformación que vas a vivir y cuentan con un plus adicional: Actúan como filtro y dejarán, a los que aún no están listos para ser héroes, en el camino.

Veamos un ejemplo:

Todos tenemos el DESEO de ser exitoso en lo que sea que hagamos en la vida pero el número se reduce de manera exponencial cuando preguntamos quién ha tomado la DECISIÓN real de alcanzar el éxito. Una decisión implica un compromiso mucho mayor, abandonar algunas distracciones, dedicar horas, esfuerzo, etc.

Muchos darán el paso y tomarán la decisión de trabajar fuertemente en ese deseo, pero de repente aparece algunos problemas y solo los que tienen la DETERMINACIÓN suficiente logran seguir en el camino. Muchos abandonarán a la primera, otros a la segunda y otros más adelante pero solo los que están totalmente determinados son los que se alzan con el éxito.

Y la determinación es una excelente virtud pero para realmente potenciarla debemos sumarle DISCIPLINA. Ese poder del trabajo diario y continuo, pase lo que pase, sin excusas y siempre hacia adelante.

¿Te imaginas a algún problema, inconveniente o súper villano que puede vencer a estas 4D?

Súper Poder número Uno: Ver el futuro

¿Te imaginas lo increíble que puede ser poder ver nuestro futuro? Debe ser realmente poderoso diría una persona común y corriente.

Nosotros los súper emprendedores tenemos que tener bien desarrollado este poder.

Pero tiene algunas reglas: Veremos el futuro que *Deseamos y con nuestros poderes lo CREAMOS*
Stephen Covey lo describe en su libro "Los 7 hábitos de la gente altamente efectiva" como el hábito número dos "Comienza con el Fin en Mente".

Si hiciste el trabajo que anteriormente te encargué, no vas a tener ningún inconveniente en poder desarrollar la habilidad de ver y crear tu futuro.

Solo tienes que imaginarte ya mismo en posesión de tu deseo, tu anhelo, y de la felicidad y satisfacción que te da el ya saberte dueño de ese logro. Este ejercicio de visualización programa tu mente y desarrolla creencia tan poderosa que nada podrá hacer que no lo obtengas.

Ya lo dice Richard Bandler, Padre de la PNL (Programación Neurolingüística) :

La llave para el éxito son las creencias. Si lo crees, lo creas.
Modelé a muchas personas de éxito, desde atletas a ejecutivos, inversores, hasta al mejor químico del mundo. Y todos ellos tenían un conjunto de creencias poderosas, empezando por la de que las cosas son posibles, y poniendo hasta la última fibra de su cuerpo en buscar cómo se puede hacer.

Hay otras muchas personas que creen que no son listos, que creen que no pueden hacerlo, que no son tan buenos como otros. Einstein sabía que no era tan bueno como otros en ciertos aspectos. No era bueno en la escuela pero creyó realmente que podía cambiar la imagen de la física y lo hizo.

Poder numero 2: Volar (viajar liviano)

Si alguna vez has viajado en avión sabes que existe un límite de equipaje que puedes llevar. Una cierta cantidad de kilos más un bolso de mano es lo permitido por persona y esto tiene una lógica bastante simple, cuanto más equipaje lleve el avión más le costara despegar y más combustible necesita para hacerlo.

Si pensamos en un súper héroe que vuela el primero que se nos viene a la mente seguramente será Superman y el elije el viaje liviano. No lleva absolutamente nada más que su capa para surcar los cielos a su antojo.

Entonces podemos decir que un súper héroe que quiere contar con la habilidad de volar tiene que cumplir este principio que se aplica a los aviones y al mismísimo hombre de acero. Cuanto más equipaje, más te costará despegar del suelo.

Cuando llevamos esto al plano emprendedor, mi recomendación es que abandones todo el equipaje pesado porque este no te permitirá despegar o te hará pagar un costo muy elevado para hacerlo.

Deja de lado paradigmas, consejos inútiles, tus tropiezos anteriores si los has tenido, etc. Abandona las presiones de exigencia y el miedo a decepcionar a propios y ajenos, hoy es tu momento y no se lo debes dedicar a nadie.

Desaprende, olvida, perdona, comprende que lo pasado ya pasó y acéptalo.

Si alguien no cree en ti el problema es que seguramente no cree en sí mismo haciendo lo que tú haces, no es contigo la cosa, no se lo dediques (vengativamente hablando) por que entras en una guerra que te quitará energías, que se que vas a necesitar.

Si alguna vez tuviste un negocio o emprendimiento y no lo lograste, ¡YA SUPÉRALO!

Ese fue otro tiempo, aprende de tus errores y quédate con las buenas experiencias que de segura las hubo. Entiende que tú no fracasaste porque el fracaso no existe, solo existen momento donde dejamos de intentarlo y si tú estás aquí nuevamente es porque lo vas a seguir intentando y ahora de una mejor manera.

Cualquier cosa que te haya sucedido ya pasó y no podrás solucionarla, fue otro momento y eras otra persona con menos experiencia y no un súper héroe como ahora.

Así que deja todo en el suelo porque de nada va a servir cuando estés tan arriba como sueñas y mereces.

El Poder Devaluado: Súper…andote

Estamos acostumbrados a la imagen del súper héroe muy imponente. Fornidos, ágiles, elegantes en sus movimientos, casi perfectos se podría decir. Ellos son valientes y seguros, darían su vida sin pensar por cualquiera de nosotros y no sienten miedo por nada.

La mayoría de nosotros estamos lejos de esa perfección lo cual es una verdadera fortuna por que la gracia no está en ser perfecto mi amigo, si no por el contrario, aceptar cuan imperfecto eres y aun así lograrlo.

A esto le llamo "Ser como el Chapulín Colorado"
El Chapulín colorado es un personaje creado por Roberto Gomez Bolaños "Chespirito". Este es una parodia del clásico súper héroe que con todas sus limitaciones y torpezas cumple su cometido y vence a los malos.

En el programa se presenta al Chapulín de la siguiente manera:

"Más ágil que una tortuga... más fuerte que un ratón... más noble que una lechuga... su escudo es un corazón... es... ¡El Chapulín Colorado!"

"El Chapulín es torpe, miedoso y no posee super poderes, aunque sí varios artefactos de apoyo como el chipote chillón, la chicharra paralizadora o las pastillas de chiquitolina. El

fuerte del Chapulín realmente es su determinación, la cual le ayuda a solucionar los problemas a pesar de su cobardía y debilidad

El Chapulín colorado es un verdadero Héroe, y esto es serio. El heroísmo no consiste en carecer de miedo sino en superarlo. Aquellos no tienen miedo, Batman, Superman, son todos poderosos, no pueden tener miedo. El chapulín en cambio se muere de miedo, es torpe, débil, tonto, etc., y consciente de esas deficiencias se enfrenta al problema, es un verdadero héroe"
Palabras de Roberto Gómez Bolaños

No gastes tus energías intentando ser el más perfecto de todos porque esto no va a suceder. Vas a meter la pata, a veces las dos juntas y no lo vas a poder evitar. Vas a tener miedo y por momentos mucho miedo, y tampoco vas a poder evitarlo pero aun así vas a hacer lo que tienes que hacer y allí esta esa esencia de Chapulín que se mete en tus venas para salir victorioso.

No trates de esconder tus miedos y debilidades sino por el contrario primero acepta que las tienes y se consciente que vas a vivir con ellas durante mucho tiempo y quizás toda tu vida. Una vez que las aceptas, las conoces e identificas, ponte frente a ellas y hazles saber que muy a pesar de ellas vas a lograrlo.

Enfrenta tus miedos y deja de negociar contigo mismo maneras "más convenientes" de hacer lo que sabes que debes hacer. Esta es una típica manera de eludir los problemas que solo traerá más problemas.

En el momento que evitas hacer algo por miedo o inseguridad y eliges hacerlo de una manera que quizás no es la correcta, quizás no de manera consciente, pero estas dándole más y más poder a tus miedos y cada vez será más difícil de vencer.

Incomódate, ponte frente a frente con tus miedos y verás que cada batalla te hará más fuerte hasta que puedas mostrarle que realmente no es un digno contrincante.

Regenera tus células

Un científico descubre el metal más poderoso y resistente del mundo y tras años de investigaciones y pruebas fallidas logra por fin dar con el sujeto perfecto para un peligroso experimento. El proceso consiste en introducir este metal en estado líquido a su cuerpo y transformar su esqueleto en una armadura indestructible para así crear un súper soldado.

Este experimento ya lo habían probado repetidas veces y siempre había fracasado dado que el cuerpo de todos los voluntarios rechazaba este metal.

El proceso logró el éxito gracias a que el sujeto tenía una extraña mutación que hacía que sus células se regeneren constantemente y de esa manera logró que el metal se funda con sus huesos transformándolo en indestructible.

Esta es parte de la historia de Wolverine, uno de los súper héroes más conocidos de los últimos años y de los más populares de la saga de X –Men. Su historia es perfecta para graficar un problema que muchas veces sufrimos no solo los emprendedores sino que todos los seres humanos.

Nuestro cuerpos, principalmente nuestro cerebro rechaza los cambios, los nuevos conocimientos y más aun lo que nos puede mover de nuestra zona conocida.

Esto hace que la información, innovación, nuevos procesos y otros sean rechazados casi sin análisis por nuestra negación de cambiar a pesar que quizás esta novedad puede transformarnos en un súper soldado o en este caso un súper emprendedor.

Lamentablemente venimos pre programados de fábrica y a nuestro cerebro no le gusta nada asumir cambios. Uno de los trabajos principales de nuestro cerebro es el ahorro de energía y la simplificación de procesos, por eso puede rechazar algunas cosas ya que las ve como innecesarias y como un gran e injustificado gasto de energías. Nuestro cerebro prefiere sin dudas trabajar en piloto automático con lo que ya sabe y conoce.

Pero esto es fácilmente re programable, ningún programa mental es definitivo y está en tus manos hacerlo. Solo debes estar en estado de regeneración informativa constante.

No etiquetes previamente y no creas haber encontrado el método definitivo a absolutamente nada porque esto no existe y en un mundo híper veloz como el que vivimos esto es una pésima idea.
Hay muchas corrientes que aseguran que hoy en día la información (todo lo conocido en relación a un tema específico) tiene una vida útil de solo dieciocho meses por lo que puedes ser un experto o encontrar un proceso estupendo para tú negocio y en dieciocho meses o menos quedar obsoleto. Esto nos muestra que tendrás que estar en constante regeneración para mantenerte absorbiendo cambios y ajustes de manera constante y aunque sé

perfectamente que puede ser un proceso difícil al principio, recuerda que tiene el poder de transformarte en un súper emprendedor indestructible.

Forma tu Súper Liga **Tu Súper equipo**

Uno de los grandes males del emprendedor que suele estar muy solo.

Cuando apenas comienza, porque no muchos creen en él y cuando es exitoso por qué suele volverse algo pedante y sabelotodo.

Y no es por que seas de esa manera, sino que a veces hay ciertas ganas de "vengarse" de todos esos que nos soltaron la mano o creyeron que no la íbamos a hacer y ahora queremos demostrar cuan por encima de ellos estamos y debo confesar que me ha tocado estar solo por ambos motivos.

Sí, he sido un emprendedor huérfano como cuanto en mi anterior libro y he sido un vengador pedante que todo lo sabía hasta que esa actitud estúpida me llevó a tomar decisiones más estúpidas y te puedo asegurar que todas se pagan.

Una excelente manera de luchar contra la mal consejera soledad es formar tu propia Súper Liga o formar parte de una.

Los Advengers, La Liga de la Justicia, los X men. Las tortugas ninjas, los Power Rangers o las Chicas super poderosas. Todos ellos son un gran ejemplo de cómo pertenecer a un equipo los mejora, contiene, potencia y los ayuda a salir victoriosos en batallas donde el súper villano es mucho más poderoso que ellos individualmente.

Y con esto no quiero decir que salgas corriendo a buscar un socio ni mucho menos. Tú puedes trabajar en tu negocio totalmente solo y aun así pertenecer a diferentes grupos.

Puedes unirte a grupos en redes sociales o formar parte de la cámara de comercio de tu ciudad, lo importante es que puedas estar con personas que comparten tus intereses, mentalidad de negocios, inquietudes y problemas. Personas con las que puedas intercambiar ideas, aprender de ellas y enseñarles también.

Pertenecer a grupos de Mástermind es algo excelente, te lo recomiendo.

También puedes unirte a algún club de capacitación de emprendedores de suscripción mensual. Hay muchos y muy buenos, yo mismo pertenezco a algunos. Aquí encontrarás no solo a personas que están en el mismo juego que tu sino que además pueden ser tus futuros socios en algún nuevo emprendimiento.

Para resumir: Rodéate de personas que te potencien, que sepan más o sean mejores que tú, aprende de ellos y por qué no quizás algún día luchen codo a codo por el bien y la justicia.

Todos estos súper poderes están al alcance de tu mano mi querido paladín de la justicia.

Si entrenas duro antes que te des cuenta podrás: Ver el futuro, volar, regenerar tus células, superar todas tus limitaciones y miedos y como si fuera poco formar parte de una súper liga de héroes que potenciarán más los tuyos.

Poderes más que suficientes para comenzar como un Super Emprendedor, más luego con el tiempo iras desarrollando nuevos e incorporándolos.

¿Falta algo más? Podemos sumar un plus y tomar el ejemplo del súper héroe que en mi opinión es quien más se asemeja a los emprendedores que es Batman. El defensor de ciudad gótica es de los pocos que no tiene súper poderes sino que todas sus habilidades son desarrolladas solo ayudado por una seria de artículos que lo ayudan mucho como su Bati móvil, la capa para volar y otros. Una de sus principales características era el siempre bien equipado cinturón.

Principalmente en la serie de tv de los años 60 en el cinturón podíamos encontrar todo objeto que se te ocurra, literalmente todo lo que se te ocurra casi sin límites.

Desde "bati repelente de insectos" hasta "Bati patines cohete" todo es válido si la trama lo requiere y esto lo ayuda a escapar de los peligrosos enemigos de ciudad gótica.

Y como en un principio seguramente no contemos con el capital para nuestro propio batí móvil , nos ocuparemos en preparar y equipar un cinturón que nos saque de apuros.

¿Qué llevará? ¡Lo que creas necesario! Solo tú sabes a qué tipo de malhechores te enfrentas, por eso no puedo decirte qué tienes que llevar, pero lo que sí puedo contarte qué llevo en alguno de los compartimientos de mi cinturón.

<u>Entrenamiento en Ventas</u>: Pasan los años y las tendencias, pero sin dudas es la principal de todas las

herramientas de mi cinturón. Si eres emprendedor tienes que saber al menos habilidades básicas en ventas.

Y esto no tiene nada que ver con verle cara de cliente a todo lo que se mueva cerca de ti sino todo lo contrario. Cuando conoces y te educas al menos en conceptos generales de ventas sabes perfectamente que una de las premisas es vender solo a quien quiere.

Si no dominas este arte todo será cuesta arriba. Te recomiendo al menos un curso, un libro, un seminario, hay mucho y muy buenos. Tu cinturón tiene que tener reservado un espacio para esta habilidad que sin dudas te sacara victorioso en varias situaciones.

<u>Oratoria y comunicación:</u> Tanto para vender como para dar órdenes o instrucciones a tu equipo. Tu comunicación debe ser efectiva, clara y sin fisuras de comprensión. Recuerda que todas las discusiones se quedan trabadas en un casi sin retorno "no me

entiendes" o "no te entiendo" y nosotros debemos estar por encima de ello. Como seres emocionales que somos, todo el tiempo estamos comunicando, aun cuando no queremos hacerlo.

Y peor aún, podemos sin darnos cuenta estar comunicando mensajes erróneos o contraproducentes. Con tan solo un gesto, una posición corporal o una palabra errónea podemos contradecir cualquier orden o idea que sale de nuestra boca ya que nuestro cuerpo comunica tres veces más que nuestras palabras. Te aseguro que hay una gran diferencia entre la persona que domina la habilidad de la comunicación con la que no.

Liderazgo: Tanto personal como grupal, tu liderazgo y la amplitud de él puede marcar hasta donde puede o no crecer tu negocio.

Esta es una habilidad que algunos afortunados la poseen desde la cuna, otros sin embargo hemos tenido que batallar con nuestros propios fantasmas para luego poder conducir y estar al frente inspirando, incentivando, motivando y por sobre todo dando el ejemplo. Tu negocio y tu vida necesita de un buen y claro liderazgo. Nunca dejes de desarrollarlo.

<u>Habilidades contables:</u> Hay mucho de qué hablar aquí mi amigo y gran parte de ello es poco simpático. Principalmente en Latinoamérica la parte contable tributaria es un tema muy complicado en sí mismo y la mayoría de los emprendedores lo pasa por alto.

Pero voy a intentar ser lo más breve y claro posible sobre el tema. A menos que seas contador matriculado no recomiendo que intentes llevar tu mismo la parte tributaria de tu negocio ya que es muy fácil cometer errores y cada error tributario puede ser considerado evasión por ende, un delito.

Por eso te recomiendo que contrates un contador y uno bueno. Aun así ten siempre en cuenta que esto no te quita responsabilidades sino por el contrario debes estar muy atento a que impuestos te corresponden pagar, cuáles no, en que categoría es que te encuentras, etc. etc.

Es vital que cuentes con al menos los conocimientos básicos sobre el porcentaje y tipo de impuestos que pagarás según tu país y saber cómo incorporarlo a los costos de tu negocio, este tema lo ampliaremos en los próximos capítulos.

Estas son parte de las herramientas de mi cinturón, las uso a diario y las recomiendo siempre. Puedes además agregar las que tu desees y consideres necesario siempre con el fin de estar mejor preparado porque de eso es que se trata todo esto.

No se trata de acumular súper poderes a manera decorativa, ni de llevar el cinturón más lindo y lleno de bolsillos, el juego consiste en ser mejor y serlo con una finalidad.

La figura del héroe es una simple analogía que he utilizado para hacer más amena y divertida la lectura, aquí lo importante es que tú te vuelvas tu mejor versión, que te transformarás en un emprendedor decidido y determinado a triunfar con un deseo ferviente por hacerlo.

Ese deseo te ayudará a visualizar tu futuro exitoso y aunque el camino se ponga duro nunca pienses darte por vencido. Te transformarás y superarás día a día y aprenderás las habilidades que sean necesarias en el momento que sea necesario, dando el ejemplo de lo que espera de sus socios, empleados y seguidores. Es allí donde por fin te vuelves el Héroe de tu vida.

Recuerda siempre esta fantástica frase:

"No pidas menos problemas, pide más habilidades para aprender a resolverlos porque esos problemas tarde o temprano se solucionarán pero las habilidades se quedarán contigo toda la vida".

CAPÍTULO IV

SÚPER EVOLUCIÓN

De Negocio aburrido a Máquina de atraer Clientes.

Llevo ya varios años como asesor de negocios, profesionales y empresas, y en este tiempo me he encontrado con una amplia variedad de situaciones y problemas que estos negocios atraviesan. Algunos grandes otros más chicos y de muy diferentes rubros y lugares. Algunos venden productos, otro servicios y otros ambos. Lo curioso es que más allá de todas estas diferencias, existe un denominador común muy alarmante y de allí provienen gran parte de sus dolencias.

El 90% de los negocios carece de tres cosas: Un mapa, previsibilidad e individualidad.

En idioma fácil: el 90% de los negocios no tiene Metas, no tiene clientes (identificados como tal), ni diferencias con la competencia. Lo curioso es que la cifra es igual a la de los negocios que fracasan antes de su primer año. ¿Casualidad?

La falta de estos tres elementos vitales hace que reine el cortoplacismo, la incertidumbre, los miedos, ansiedad y otros males, que poco a poco van matando tu negocio y tus ganas.

¿Por qué sucede esto? Supongo que es una mezcla de factores unido a la falta de educación para el emprendedor novato.

Las escuelas de negocios y las carreras en administración de empresas están apuntadas a una realidad muy lejana a la del pequeño emprendedor de estos tiempos. Por ende al momento de aplicar formulas "crea un plan de negocios, busca financiamiento e inversores "parecen un chiste de mal gusto para un emprendedor que comienza con su propio capital una pizzería, lucha por sobrevivir el día a día y quizás con mucho esfuerzo en un futuro tener una, dos o tres sucursales.

Este sueño de poder crecer con un negocio está plagado de buenas intenciones, el problema es que como no hay plan, ni seguridad de ventas, ni ideas diferentes, todo parece estar librado a la buena suerte

Yo mismo he estado en ese lugar y se perfectamente que es muy difícil avanzar en el desconcierto. Se lo complejo que es filtrar la buena y la mala información, lo trabajoso que es tomar los ejemplos de las grandes empresas e intentar transformarlas en una estrategia aplicable al tamaño de tu negocio.

Es entonces que llegamos a la conclusión que los negocios no tienen Metas, Clientes y Propuestas Diferenciadoras por dos motivos fundamentales:

1- Desconocen su vital importancia.
2- Nadie les ha enseñado cómo hacerlo.

Este capítulo estará dedicado a solucionar esta problemática y a enseñarte cómo tener:

1- Visión de tu negocio a futuro.
2- Un plan para alcanzar tus metas a largo, mediano y corto plazo.
3- Cliente identificados y conectados con tu negocio.

4- Una o más propuestas diferenciadores.

5- Una posición consolidada en tu mercado.

¿Estás listo? Seguro que sí!

¿Como será tu estatua?

Hay frases que me han marcado de por vida y esta es sin dudas una de las más importantes y poderosas.

"Si no sabes hacia dónde vas, es muy posible que nunca llegues a destino"

Podría agregar que si no llegas nunca a destino seguramente te canses de solo andar y muy probablemente abandones. ¿Verdad? Por eso me gustaría hacerte una pregunta:

¿Dónde crees que estará tu negocio dentro de diez años?

La primera vez que me encontré con esta pregunta la rechace automáticamente.

-Típicas recetas de los gringos. En Latinoamérica no funciona y ni va a funcionar.

¿Cómo voy a pensar de aquí a diez años? ¿No sé si voy a poder pagar el alquiler el mes que viene y este quiere que piense a diez años? ¡En los últimos diez años quebré dos negocios!

Mientras maldecía y sentía que era una pérdida de tiempo, salió de mi cabeza un pequeño Gastón enano que suele darme cachetadas inesperadas y me pregunto:

¿Será uno de los motivos por los que quebraste dos negocios?

Me resistí durante dos o tres días más a la idea y luego me senté a escribir cómo imaginaba mi negocio dentro de diez años.

Sin ahondar en muchos detalles voy a resumirte que:

Tener una visión a futuro es mucho mejor que no tenerla. Si me baso estrictamente en los resultados, en los primero diez años de lo que considero mi vida emprendedora quebré dos veces y en los diez siguientes ninguna. Motivo más que suficiente para validar esta idea.

Por otro lado soy testigo vivencial de lo maravilloso que es tener una visión de tu negocio a futuro. Te motiva, ilusiona, incentiva y hace que todo el esfuerzo valga aun más la pena.

Cuenta la leyenda que en la antigua china existía un emperador jorobado. En una ocasión pidió a su mejor escultor, que haga una estatua a su imagen y le da instrucciones muy precisas de cómo es que quería que fuese.

Pidió que su escultura lo inmortalice en una posición totalmente erguida, con su pecho al frente mirando al horizonte. Su pose debía ser la de un guerrero victorioso luego de la lucha. El pedido fue cumplido al pie de la letra y una vez terminada la estatua fue colocada en una entrada principal donde el emperador pasaba diariamente largas horas parado frente a ella.

Muchos que pasaban por allí y veían al emperador observando su propia estatua, murmuraban y reían a sus espaldas ya que la estatua estaba muy lejos de la realidad.

Lo que ellos nunca notaron era que el emperador practicaba durante horas la pose que la estatua tenia. En un principio era una verdadera tortura, su columna encorvada lo hacía sufrir intensos dolores cada vez que intentaba erguir su posición y elevar su pecho al cielo. Pero no estaba en sus planes darse por vencido.

Día tras día se esforzaba y de a poco comenzó notar que podía sostener la posición por varios minutos, luego una hora y luego dos.

Después de un tiempo de mucho trabajo e incansable determinación logro su cometido. Por fin pudo verse tan erguido como siempre había querido y como siempre había imaginado.

La estatua no era un simple autoengaño como muchos creían, sino que resultó ser el modelo terminado de lo que siempre supo era su destino. Quienes alguna vez se rieron y murmuraron, no tenían más camino que rendirse ante la tenacidad del emperador y admirar su exitosa transformación.

Esta leyenda no es más que el desarrollo y la aplicación de uno de los súper poderes que ya vimos en el anterior capítulo que es la facultad de ver el futuro.

El emperador no solo lo vio en su mente sino que uso todo el poder de la autosugestión visual al mandar hacer la estatua para luego imitar su posición hasta el cansancio.

Un deseo que se transforma en una Meta, que con un plan de trabajo diario se transformara en una innegable realidad.

Ese será nuestro primer trabajo y déjame preguntarte ¿Cómo es tu estatua?

Diseñando tu Futuro

Según el diccionario una Meta es: "Fin al que se dirigen las acciones o deseos de una persona."

En mi experiencia es algo más profundo y enriquecedor. Una Meta se plantea a partir de algo que deseamos alcanzar y nos orienta hacia allí pero no hay que menospreciar lo positivo de la experiencia de atravesar el camino y la persona en la que poco a poco nos transformamos al andarlo. No importa en qué ámbito de tu vida sea. Si lo que persigues es una meta financiera, laboral, deportiva, espiritual, física, nunca serás la misma persona que eras antes de comenzar tu camino.

Estoy totalmente convencido que las personas que tienen metas claras, por escrito y con un plan de trabajo armado son no solo más efectivas en la consecución de sus metas sino que como recompensa extra son mucho más felices.

Pero vamos a dejar el preámbulo hasta aquí y vamos a comenzar con la receta de una vez.

¿Cómo alcanzo mis metas?

Define – Planea – Ejecuta y Mide

Este es un excelente resumen de lo que vamos a hacer. Primero se apunta y luego se dispara. Por eso es que primero dejaremos en claro que queremos, crearemos un plan de trabajo, lo podremos en marcha y conforme pase el tiempo mediremos que tan bien van nuestros progresos.

Todo nace de saber muy claramente qué es lo que quieres. Qué es exactamente lo que deseas lograr, poseer, alcanzar, etc. Necesitamos especificar detalles y no algo genérico. Describe tu deseo a la perfección, agrega colores, tamaños, cantidades, espacios, y todo lo que creas importante. Una vez que sepas lo que quieres asignarás una fecha límite de concreción y es así que un deseo se transforma en una Meta.

Ese momento donde asignamos la fecha es donde realmente cierras el círculo, sellas el contrato y deja de ser un mero deseo para transformarse en un compromiso contigo mismo y con el éxito que tanto te mereces.

Veamos un ejemplo del modo correcto y equivocado de definir tus metas.

Modo equivocado:
- Mi meta es abrir un local más grande y que mi negocio venda más que ahora.
- Mi meta es estar más flaco.
- Mi meta es tener mejor estado físico.

Modo correcto:
- Mi meta es alcanzar un 20% de crecimiento en las ventas de mi negocio en comparación

al año anterior. Esto es una suma total de $ XXX y lo voy a conseguir antes del 31 de Diciembre.

- Mi meta es perder 10 kilos en los próximos 10 meses. Bajaré al menos un kilo por mes.
- Mi meta es correr la maratón de mi club este año.

En estos ejemplos vemos metas de logro a medio y corto plazo, pero como vimos anteriormente también vamos a hacer un plan de metas que pueda ayudarte a proyectar tu negocio en los próximos diez años.

Ahora te invito a que te tomes unos minutos e imagines que deseas para tu negocio en los próximos diez años. Cómo te gustaría que fuera, cuál es el tamaño, su proyección, sucursales, su posición en el mercado, etc.

¡Sueña! No te prives de nada. Imagina que has frotado la lámpara de Aladino y tienes en tus manos la posibilidad de pedir un deseo fabuloso pero para que se cumpla debe ser detallado al extremo. No te limites en ningún sentido. No importa que tan alocado sea.

Una sola condición: Pide desde TU corazón.

No se lo "dediques a nadie", no importa quién lo verá, a quién impresionará o qué te han dicho. No es SU deseo, es el tuyo y tiene que venir de tu corazón. Cuando terminas de escribir cada detalle tienes que poder leerlo y darte cuenta que…sí, eso es lo que siempre quisiste. Que no piensas pasar por esta vida sin lograrlo porque sabes que es tu destino.

Una vez que tengas decidido tu meta a diez años, vamos a definir otros puntos de llegada en nuestro camino. Trazaremos objetivos a siete años, cinco años, a dos años, para este año, mensuales y semanales. Todos basados en tu objetivo principal.

Esto formará una matriz con tu meta principal a largo plazo, objetivos a medio plazo y a corto plazo.

Todos serán parte de un mismo camino. Definir estos objetivos a medio y corto plazo tendrá muchos beneficios y el más importante es que nos mantiene enfocados.

Muchas veces las metas a largo plazo se ven tan distantes que pueden transformarse en imposibles. Es entonces que al trazar pequeños objetivos y lograr alcanzarlos uno tras otro lo volvemos más tangible además de sumar mucha confianza y una gran dosis de motivación.

Imagina que tu meta es perder 30 kilos el próximo año. Suena como algo realmente difícil ¿verdad? Eso cambiará en unos instantes. Vamos a tomar esa meta y dividirla en objetivos mensuales.

30 Kilos divididos 12 meses = 2.5 kilos mensuales.

¿Te das cuenta como algo realmente difícil se transformo en algo mucho más simple solo al dividirlo en objetivos a mediano plazo?

Es más, podríamos dividirlo en plazos semanales y transformas esos 2.5 kilos mensuales en solo 625 gramos de pérdida de peso semanal. Lo muestra aún más fácil, pero una mala semana la tiene todo el mundo y quizás puedas desmotivarte por un pequeño tropiezo.

Puedes medir semanalmente sabiendo que tu meta es mensual y si eventualmente surge algún tropiezo tienes tiempo de recuperarte.

Ahora bien, ya tenemos nuestra meta a largo plazo y sabemos que ella estará formada por metas a mediano y corto plazo. Ahora vamos a armar el plan de trabajo y preparar el terreno y el contexto general.

Armando la Valija.

Una vez leí una gran frase de Jim Rohn que dice:

"El problema de muchas personas es que ocupan más tiempo planeando sus vacaciones que su vida".

¿Será porque asocian las vacaciones con algo bueno y el resto de su vida con algo quizás no tan bueno?... en fin, ¡Vamos a cambiar eso hoy mismo! Armemos el Plan de Metas con el que lo lograremos.

Ya definimos hacia dónde vamos (Meta principal a Largo plazo) y sabemos donde será cada una de nuestras paradas (metas de mediano y corto plazo), ahora necesitamos armar nuestra valija. En ella llevaremos varias cosas que nos ayudarán en nuestro viaje.

Para ello necesitamos conocer: nuestro punto de partida, herramientas con las que ya contamos y herramientas o habilidades que vamos a necesitar.

<u>Punto de partida</u>: Debemos tener muy en claro dónde es que comenzamos nuestro camino cosa que aunque no lo creas, muchos no tienen ni la mas mínima idea.
Si vamos a hacer un viaje no puedes iniciar sin saber cuál es tu ubicación actual, si quieres bajar de peso

tienes que saber cuánto pesas hoy, por eso si quieres multiplicar tus ventas tienes que saber cuánto vendes actualmente.

Por eso el primer paso será concientizar dónde comenzamos analizando algunos datos:
¿Cuánto fueron tus ventas el último año? ¿Fue mejor o peor que el año anterior?

¿Cuánto fue cada mes en promedio? ¿Hubo meses mejores? ¿Por qué motivo?

¿Cuáles son tus promedios de ganancias?

Responde estas preguntas, agenda los resultados y agrega todo dato que sea relevante para evaluar la realidad del nivel de ventas de tu negocio.

Arma una nueva lista con todos los gastos que tienes en tu negocio. Alquiler, impuestos, servicios, sueldos, etc., etc. Agenda cada centavo que sale de la caja y no regresa transformado en stock.

Una vez tengas todo por escrito tómate unos momentos para analizarlo ya que estás frente a tu única verdad. En este momento sabrás si comenzamos en el casillero diez, en el dos o en el menos cinco. Ahora serás realmente consciente si tu negocio te da buen dinero, poco o si lo estás perdiendo muy lentamente sin darte cuenta.

Esta es la realidad de muchos negocios y los más desinformados suelen ser los negocios que peor están. Tú tienes que enfrentarte si o si a esta verdad y ser plenamente consciente de ella para que podamos hacer un plan real y práctico, ya que desconocerlo puede hacer que hagas un plan equivocado para una realidad equivocada.

No tiene sentido un plan de crecimiento cuando quizás lo primero sea dejar de perder dinero por que tus gastos son mayores que tus ganancias. Estas realidades enfrentadas hacen que el plan falle inevitablemente. Si estás perdiendo dinero el plan será diferente al que usas para hacer crecer tu negocio. Primero debemos frenar la hemorragia de la úlcera estomacal y luego buscar abdominales definidos ¿entiendes?

Con la información sobre la mesa seguimos avanzando.

Herramientas y habilidades con las que ya cuento:

Es fundamental saber qué es lo que ya tengo para facilitar y acelerar nuestro viaje. Herramientas, habilidades, clientes, infraestructura, pagina web, logos, etc.

Vas a comenzar con el elemento fundamental y más importante que eres Tú.

Tu negocio cuentas primero que nada contigo. Tus ganas y tus habilidades. Todo lo que a ti refiera y como te dije previamente quizás sea obvio pero debe ser parte de tu lista y debe estar por escrito.

Pregúntate una y otra vez, ¿Con qué ya cuento hoy?

Todo lo que forme parte de esta lista, es un casillero que avanzamos en el tablero de juego. Simplifica, acelera, facilita el proceso y tenemos que buscar bien en nuestra cabeza, y hasta en nuestra agenda. Muchas veces eso con lo que ya contamos se llaman "amigos" o "influencias" y son sumamente valiosas.

Si por ejemplo el plan de trabajo incluye una página web y tenemos un amigo diseñador será de gran ayuda. Y no es que te sugiera que andes suplicando trabajo gratis, si no que es un excelente recurso saber que contamos con profesionales en diferentes ámbitos y pueden ser a quienes contratemos el día de mañana o simplemente ser un asesor ocasional de temas que desconocemos. Tu círculo íntimo es una herramienta muy poderosa y es algo con lo que ya cuentas.

Una cosa con la que muchos ya cuentan y no valoran es una cartera de cliente. Ellos son un gran activo hoy mismo y pueden ser la clave para duplicar y hasta triplicar tus ventas. Si la tienes es muy importante que la incluyas en tu lista con todos los datos que puedas sumarle. Como por ejemplo:

¿Cuántos son? ¿Cuál es su frecuencia de compra? ¿Son regulares o eventuales?

Otra ventaja que puedes ya tener, es de locación. Quizás estas ubicado en una zona donde un poderoso nicho de mercado se encuentre cerca.

Ejemplo: Tienes un local de comida rápida y a algunas cuadras un colegio secundario. Ese es un poderoso nicho de mercado repleto de potenciales clientes.

No importa si ninguno de ellos es hoy un cliente, ya veremos más adelante como poder atraerlos, lo que cuenta ahora es saber que muchos potenciales clientes están muy cerca de tu negocio y eso es una ventaja que debes tener presente.

Como ya viste hay muchas cosas con las que ya cuentas y otras que quizás ni siquiera sabías que las tenías. Debes buscar más profundo, ver variantes y analizar desde nuevas perspectivas. Recuerda que cada herramienta que sumes a tu lista tiene el potencial de simplificar todo tu plan de metas, de acortarlo, o de multiplicar sus resultados.

Para finalizar, no olvides incluir a tu lista dos cosas fundamentales: tiempo y dinero.

Vas a necesitar de ambos. Detalla la cantidad de dinero que puedes tener disponible para invertir y también qué cantidad de horas tendrás para las nuevas tareas.

Si no los tienes, formarán parte de la tercer lista.

¿Qué vas a necesitar?

Además de las herramientas y habilidades que ya tienes, vas a necesitar otras que te ayudarán a alcanzar tus metas. Aun si llegas a la conclusión que afortunadamente ya cuentas con todo lo que necesitas, vas a tener que desarrollar nuevas habilidades organizativas y de implementación. Ya que si tenías todas las herramientas ¿cómo fue que aún no estabas trabajando en tus metas?

Ahora vas a hacer tu lista con lo que necesitará tu negocio para lograr su meta y que es lo que necesitarás TÚ como líder y responsable del negocio y la ejecución de este plan.

Es normal que te resulte más fácil identificar que necesitará tu negocio y te sea más difícil identificar tus propias carencias. No te preocupes, nos ha pasado a todos y quizás te lleve algunos días. También debes saber que es muy probable que tus listas jamás estén terminadas ya que vas a ir descubriendo día a día, mes tras mes, diferentes variantes de conocimiento que al momento de iniciar tú lista aun no existían en tu cabeza.

Desde que comencé mi negocio me vi en la necesidad de desarrollar habilidades y aprender a manipular herramientas que hace diez años atrás no tenía idea que existían y muchas de ellas no habían sido creadas.
Cuando armé mi lista no había incluido habilidades como Oratoria y Comunicación, sin embargo es una

de las mejores habilidades que he desarrollado en toda mi vida.

Llevo años aprendiendo sobre liderazgo y he crecido mucho en este aspecto aunque sé perfectamente que aun no he alcanzado todo mi potencial.

Voy a contarte una anécdota que grafica perfectamente la importancia de conocer qué es lo que necesita el negocio y el emprendedor a cargo.

Hace muchos años que existe el email marketing como herramienta de comunicación y es una de las más efectivas aun en la actualidad. Desde el primer momento estuvo en la lista de herramientas de mi negocio. Contraté un servicio de autorresponder y comencé a usarlo para enviar promociones y ofertas. Durante más de un año de uso de esta herramienta mi estrategia fue un verdadero fracaso. Casi no lograba suscriptores y los pocos que se unían a mi lista jamás abrían mis correos. Fue entonces que tomé esa poco amigable actitud que los emprendedores solemos tener: Declaré que el email marketing no servía para mi negocio y dejé de usarlo durante meses.

Pasado el tiempo revisando algunos apuntes sobre mis metas y mis listas, cosa que te recomiendo revises y actualices a menudo, me reencuentro con el email marketing en la lista de las herramientas de mi negocio, pero dato importante, no estaba en el listado de mis habilidades personales. Es entonces que nace la pregunta ¿Se hacer email marketing? Los resultados decían que no. Es ahí donde comprendo que no era culpa de la herramienta, sino de quien la manipulaba.

Decido tomar un curso y los cambios fueron inmediatos. Allí comprendo que necesitaba tener una propuesta más seductora para obtener suscriptores. Aprendí que cada email es una responsabilidad muy grande y que no puedo pensar solo en mí y en mis ventas sino que por el contario el contenido debe ser importante para el suscriptor y así tener razones reales para abrir los correos y permanecer en la lista.

Me vi en la necesidad de aprender a seducir con cada oferta y dejar de lado las aburridísimas y ya gastadas propuestas del estilo "10% de descuento en tu compra".

Hoy uso y recomiendo el email marketing como una herramienta fundamental para cualquier negocio. Mis subscriptores se multiplicaron por miles, y mi tasa de apertura ha llegado hasta el 50%.

Esta historia es el vivo ejemplo de que cada paso hacia adelante que dé tu negocio es un paso que tú debes dar en tu crecimiento personal, empresarial y de liderazgo.

Tu negocio crecerá tanto como tú lo hagas en paralelo, no irá más allá de tu capacidad de manejarlo y si lo hace muy pronto caerá y se estabilizara en el nivel correspondiente y muy probablemente por debajo de su nivel anterior.

Comienza con lo que crees que va a necesitar tu negocio y a medida que se disparen las ideas y situaciones vas a identificar en cuales tú también necesitas incluirte.

Y quizás te estés preguntando ¿para qué tantas listas?
Esto tiene varias razones:

Primero que nada para saber lo que realmente queremos y dejar de ser ese tipo de personas que está segura de lo que NO quiere pero no tiene ni idea de lo que SI quiere.

En segundo término para concientizar todo lo que conozco y desconozco de mi negocio, mis habilidades y herramientas. Esto nos da un panorama completo y no dejo nada librado a mi memoria momentánea.

Como tercera razón, quiero contarte que por más inteligente que seas no alcanza con que todo este en tu cabeza. Te esperan tiempos de mucho trabajo y planeamiento y tu cerebro va a estar sobre exigido por eso es muy útil saber que tienes tus secretarios mentales que serán las listas.

Por último, te sugiero y recomiendo que uses tus sentidos. Ellos son los que llevan la información a tu cerebro para que el pueda interpretarla y analizarla por ende son de fiar. ¿No crees? Vamos a ponerlos a trabajar leyendo y por qué no escuchando si es que lees tus listas en voz alta y de esta manera hacer un mucho mejor plan de metas.

Nunca olvides lo trascendente que será para tu vida lo que estas por hacer. Vas a convertir tu negocio en el negocio que siempre soñaste. Tan exitoso como quieras que sea. Esto vendrá acompañado de un gran estilo de vida y todo está a un plan de distancia.

Y para que ese plan sea tan perfecto como queremos que sea debe alimentarse de todo nuestro potencial al ciento por ciento.

Así que mi amigo/a no es momento de flojeras, hay que empoderar esas listas y tenerlas a la mano que vamos a comenzar a dar verdadera forma a nuestro plan.

Para este momento deberías tener todos los ingredientes bien identificados.

- Tu Meta principal y a largo plazo.
- La fecha en que vas a alcanzarla
- Desde dónde es que comienzas
- Con qué ya cuentas
- Qué es lo que necesitas

Toma una nueva hoja en blanco y copia y completa esta declaración.

> Mi meta es ……………………………………
> ……………………………………………………
> …….………………………………………. y la alcanzaré en un máximo de ………..
> ………….. a partir de hoy (Fecha de inicio)

Luego fraccionaremos nuestra Meta para transformarlo en objetivos a corto y medianos plazo.

Aplicaremos la misma fórmula que vimos anteriormente. Si mi Meta principal es tener diez sucursales de mi negocio en los próximos diez años, esto quiere decir que en los próximos cinco años debo contar con la mitad de mi meta realizada.

A continuación copio y completo en la misma hoja de mi declaración

En 5 años debo haber logrado
……………………………………………………………..
……………………………………………………………..

En 3 años debo haber logrado
……………………………………………………………..
……………………………………………………………..

En 2 años debo haber logrado
……………………………………………………………..
……………………………………………………………..

En los próximos 12 meses voy a alcanzar mi objetivo de ……………………………………………………………..

Puedes ver que el último párrafo es el objetivo a corto plazo, que en el ejemplo sería abrir una sucursal al año.

Recuerda que es solo un ejemplo para graficar la fórmula y la estructura de tu plan de metas. Luego tú tendrás que ajustarlo a las variantes correspondientes según tu negocio, tu mercado, tu país, etc, etc.

El plan de tu Meta de largo plazo tendrá muchas veces como base el plan de corto plazo repetido una y otra vez.

Abrir tu primera sucursal puede resultar todo un desafío. Pero si lo logras en tiempo y forma no solo habrás alcanzado tu objetivo, sino que además con lo que has aprendido en el proceso, vas a simplificar y seguramente acelerar la apertura de tu segunda sucursal y aún más rápida la tercera. El proceso se mecaniza y solo debes repetirlo.

Ahora ya sabes cómo es el proceso para abrir sucursales de tu negocio, los pasos a seguir y cuánto te demoras en hacerlo. Lo que ha cambiado es el manejo de tu negocio. Ahora estás al frente de un negocio más grande, con más ventas y seguramente más personal.

Lo que conlleva más inconvenientes y nuevos retos. Esto demuestra de conforme vallas avanzando y cumpliendo objetivos vas a descubrir que aunque tu meta a largo plazo sea siempre la misma el plan va a necesitar ajustes, retoques, y hasta re establecimientos de tiempos si fuese necesario.

Por eso debemos tener la costumbre constante de MEDIR nuestros avances.

Una vez que pongas en funcionamiento tu plan y nos encontramos en modo EJECUTOR, puede pasar que en el furor del día a día haga que olvides que tienes objetivos y plazos que tú mismo estableciste como la mejor manera de llegar a tu meta principal. Es normal que suceda pero debes obligarte a hacer al menos un balance mensual para saber qué tan bien vas o si necesitas algún ajuste.

Si continuemos con el ejemplo de tener diez sucursales de mi negocio, que sería una nueva sucursal por año pero me tomó dieciocho meses, esto dato nos dice que algo debo modificar.

Puede ser que subestimamos algunas variantes de mercado y no logré reunir el dinero en el tiempo estipulado y en ese caso debería reajustar el tiempo de cumplimiento final y en lugar de diez años me tomé doce, o quizás no he cumplido el plan al pie de la letra y debo comprometerme más y mejor.

Lo importante es que tengas el hábito de medir constantemente y que esto ayude a saber dónde es que está el problema y el por qué aun no estás donde según el plan deberías estar. Con el hábito de medir de manera periódica podemos detectar y atacar el problema con soluciones prácticas. Te repito, lo importante es detectar el problema y trabajar en las soluciones. Se pro activo siempre.

No importa si existe un culpable o alguien cometió el error, eso ya sucedió y sería tomar modos reactivos que no son recomendables. Primero te ocupas de las soluciones.

Claro que es bueno intentar no cometer el o los errores, pero si ya sucedieron de nada sirve centrar tus energías allí. Tus energías deben estar apuntadas en ser mejor, solucionar lo ocurrido, intentar recuperar el tiempo que se perdió con nuevos y más productivos hábitos.

Continuamos con el armado del plan. Puntualmente el del objetivo a corto plazo

Toma tus listas y vas a marcar qué es lo que necesitas de allí para lograr este objetivo más pequeño y más inmediato.

Ejemplo:

- Un nuevo local comercial en………de………….M2.
- Cantidad de stock /producción/ materias primas

- Personal capacitado, Publicidad grafica y online.

Una vez terminado vas a calcular la cantidad de dinero y tiempo estimado que necesitas. Y aquí me voy a tomar unos minutos para explicarte una filosofía práctica que uso para saberlo.

Todos conocemos la frase "El Tiempo es Dinero".

Cuando escuchamos esta frase muchas veces se nos viene a la cabeza el estereotipo hollywoodense de empresario malvado casi mafioso que solo piensa en dinero, sin importar a quién deba perjudicar o someter para conseguirlo ¿verdad?

Sin embargo esto es una verdad irrefutable. El tiempo es igual al dinero.

Cuando necesitas dinero, debes invertir tiempo para conseguirlo y cuando necesitas tiempo tienes que invertir dinero. La única variante es que siempre tienes oportunidad de recuperar el dinero perdido si cuentas con el tiempo necesario, pero no podrás recuperar el tiempo perdido por más dinero que tengas.

Ahora sabiendo esto debes definir qué proporción vas a invertir de cada uno de ellos y saber si lo tienes o debes conseguirlo.

Ejemplo: Encuentra el local perfecto para tu nuevo negocio. Ahora hay que pintarlo, colocar los carteles y armar las vidrieras.

Si no tienes dinero, vas a usar tu propio tiempo para hacerlo. Ahora dime:

¿Cuánto tiempo necesitas? ¿lo tienes? ¿Cuántas horas al día? ¿Cuántos días te llevará?

Si por el contrario careces de tiempo, lo que necesitas es el dinero para pagar la mano de obra que hará el trabajo. ¿Cuánto dinero necesitas? ¿Lo tienes? ¿Vas a conseguirlo, de qué manera? ¿Cuánto tiempo tardará?

¿Entiendes cómo funciona?

Todo lo que debes hacer pasara por este mismo proceso.

De allí saldrá un parámetro de tiempo y de dinero que vas a necesitar para hacerlo realidad.

Si tienes la fortuna de ya contar con el dinero total para hacer la inversión para este nuevo negocio sin usar tu tiempo todo será obviamente más fácil. Tu trabajo se reducirá a controlar que todo se haga de la manera correcta bajo los tiempos estimados.

Pero si por el contrario y como sucede en muchos de los casos, no cuentas con el tiempo necesario y el dinero vendrá del primer negocio, todo se reduce a encontrar la manera para generar más ventas para así tener el dinero para invertirlo.

Si este es tu caso, tienes que ser tanto o más preciso con la manera en que vas a lograrlo y en el tiempo que esperas hacerlo porque te aseguro que si lo dejas librado a "Cuanto antes lo tenga mejor", puedo asegurarte que vas a demorar el doble de lo que crees o más tiempo.

Siempre habrá un imprevisto, un gasto extra o un gusto que quieras darte. Y no me mal interpretes. Claro que mereces darte tus gustos, pero muchas veces esto opera a modo de auto boicot inconsciente y puede hacer que todo fracase.

Te propongo algo. En el preciso momento que hagas tu plan y lo tengas terminado con la seguridad de saber qué eso es lo que quieres para tu vida, quiero que tomes una lapicera y lo firmes debajo. Ese será el contrato que firmas con tu éxito. ¿Te animas? Estoy seguro que sí.

Para resumir:
Tu plan de Metas debe quedar de la siguiente manera.

-Declaración de tu meta principal a largo plazo.

Voy a abrir diez sucursales de mi negocio en los próximos diez años.

- Decisión de la meta en objetivos a mediano y corto plazo.
Abrir una sucursal por año.

- Objetivo de este año: definido y especificado-
Este año abriré mi primera sucursal en un local de XX M2, en la ciudad de XX.

Necesito: Local, cartelera, stock, materia prima.
Ya cuento con: página web, volantes, 30% del dinero.

Voy a juntar el resto del dinero (cantidad exacta) con ganancias del primer negocio en un término de 7 meses – Para ello debo incrementar las ventas en un XYZ %.

Plan para incrementar ventas: Describimos la manera en que lo haremos.

(A continuación veremos muchas cosas que te ayudarán a incrementar tus ventas)

Voy a dedicar 4 semanas para elegir el local y enviar a hacer la cartelera.

Como idea final te recomiendo que sigas estos consejos, paso a paso y de manera constante y consiente.

Recuerda que lo que estás haciendo es planificando y comprometiéndote con tus sueños, la vida que quieres, mereces y la mejor manera de lograrlo. Hoy mismo puedes hacerlo, hoy es el momento de comenzar. Con solo tomar una hoja, un papel y una hora de tu tiempo podes sin mucho esfuerzo armar la estructura del plan metas que te llevará a la vida de éxito que siempre quisiste y soñaste.

 No será en un principio perfecto y mucho menos infalible, pero será un buen comienzo. Luego lo vas a perfeccionar, retocar y mejorar todo lo que necesite pero lo importante es que comiences ahora, hoy mismo. Nadie va a hacerlo por ti. No habrá mejor momento que hoy mismo.

Así que con tus metas listas y tu plan en marcha pasamos al segundo punto: ¡Clientes!

El Activo más valioso

Como te mencioné al principio de este capítulo, la mayoría de los negocios no tiene clientes. Es más, hay algunos que aunque los tienen pero no los tratan como tal, por ende es que como si no los tuvieran y eso es una gran pérdida de dinero y de energías.
¿Suena confuso? Me explicaré mejor…

El dinero en tu negocio y en todos los negocios viene de dos tipos de personas: El cliente y el comprador.

Un comprador es una persona que simplemente compra tus productos una o más veces. En cambio un cliente es un rango muy superior. Un Cliente es también un comprador, pero tiene varios agregados.

El ha comprado tus productos más de una vez, lo hace frecuentemente o con cierta regularidad. Te elige sin dudarlo por sobre la competencia y su satisfacción se transforma en recomendaciones lo que genera nuevas ventas y nuevos clientes. Tu Cliente además tiene una relación con tu marca o producto lo sepas o no.

Todo esto hace que un cliente es uno de los más preciados activos de tu negocio y por eso la misión de tu negocio debe ser: encontrar, atraer y satisfacer clientes.

El problema que la mayoría de los recursos y esfuerzos de los negocios están dedicados a atraer compradores, venderles y olvidarse de ellos por completo.

Esto no es malo en sí mismo, hay muchos negocios que operan de esta manera durante toda su vida, pero con el mismo esfuerzo podríamos trabajar de una manera mas inteligente y por ende obtener mayores y mejores beneficios.

Hoy en día cuesta mucho trabajo sobresalir entre la competencia y cuando lo logramos debemos obtener algo más que una simple venta y un adiós.

Debemos crear un "Hasta pronto" para que este comprador se sienta atraído una vez más, y quizás otra, y luego nos recomiende y se genere un círculo virtuoso de clientes contentos y continuos.

¿Cómo le caerían a tu negocio unos diez, veinte o cien clientes nuevos? ¿Te parece buena idea? Excelente!

Veo que estamos en sintonía y estás listo para transformarte en un imán de clientes pero antes…

Veremos una serie de reglas inquebrantables que te ayudarán a entender cómo vamos a trabajar

Seis reglas inquebrantables para tener más clientes

1- No todo lo que respira es tu cliente: Tristemente durante años se pensó y operó con esa mentalidad. "Si hace sombra y respira….Véndele" . Quiero que sepas algo, las personas odian que les veas cara de cliente. Así que gran parte de nuestros esfuerzos van a ir orientados hacia la identificación de clientes de entre la multitud para así solo dirigirnos a él y no a la inmensidad del mercado.

2- Crea Confianza: Lo primero que debes generar en una persona para que se convierta en al menos cliente no es deseo, es confianza. Si no creen en lo que dices nunca habrá una venta.

3- Atráelos, no los acoses: Todos amamos comprar, pero odiamos que nos vendan, es por eso que trabajaremos la atracción. Por medio de propuestas seductoras, beneficios irresistibles, generar conexión y confianza atraeremos a nuestros clientes perfectos sin necesidad de perseguirlos.

4- Hay un mundo después de que te pagan: La venta no termina cuando te pagan por el producto. Luego de ello pueden pasar muchas cosas tanto buenas como malas. Sacaremos provecho a las buenas y estaremos muy atentos a que no ocurran las malas.

5- Dale motivos para que vuelva: Si califica como cliente no lo dejes ir como comprador. Hiciste un gran esfuerzo por atraerlo, y satisfacerlo para que te compre, ahora no lo dejes ir sin asegurarte que va a volver a saber de ti. Ofrece un servicio de post venta, un club de descuentos, un regalo de cumpleaños o lo que sea que haga que forme parte de la lista de tus clientes.

6- Se inolvidable: La mejor manera de tener recomendaciones es volvernos inolvidables. Crea experiencias nuevas, diferentes, innovadoras. No tengas miedo a hacer lo que otros no hacen. Ofrece una gran y nueva experiencia.

Estas seis reglas serán la base de cualquier estrategia. Nunca debemos pasarlas por alto y así lograremos atraer y crear una gran cantidad de clientes fieles y activos.

Léelas con frecuencia y tenlas siempre presentes.

Sabiendo esto, vamos a hacer un trabajo similar al que realizamos con nuestras metas.

Vamos a trabajar con una serie de listas y describiremos para descubrir. Se ve confuso pero en realidad es muy simple y lógico.

Comenzaremos analizando el producto o servicio que ofreces.

Tal como dijimos anteriormente para descubrir quién es tu cliente y poder atraerlo debemos comenzar por saber la conexión que tiene con tu producto. Y lo primero que un potencial cliente se preguntara es ¿Qué hay aquí para mí?

Ellos quieren saber qué es lo que hacemos, cómo es que lo hacemos, por cuánto tiempo y de qué manera, a qué precio, y cómo es que eso les hace la vida más linda.

Entonces por allí comenzamos. Por conocer los beneficios de tus productos.

Vas a crear una lista con todos los beneficios de tu producto o servicio siempre desde la perspectiva de tu cliente. Cómo eso que nosotros apuntamos como beneficio les solucionará un problema, les cubrirá una necesidad o satisfacer un deseo.

Si alguna vez tuviste la oportunidad de ver algún infomercial (comerciales extendidos) puedes aprende mucho de ellos. Son verdaderos expertos en resaltar beneficios de un producto. No importa si es un producto que todos conocemos como una licuadora, una sartén o un plan de ejercicios, ellos te mostraran decenas de beneficios y usos prácticos de su producto.

Una vez que tengas los beneficios vas a describir qué tipo de persona será inmensamente feliz al tenerlo y este será el prototipo de tu cliente perfecto.

Pregúntate:

¿Quién es? ¿Es hombre o mujer? ¿Qué edad tiene? ¿Es soltero o casado? ¿De qué trabaja? ¿Ya compra un producto similar? ¿De cuánto son sus ingresos? ¿Cómo se informa? ¿Tiene hijos? ¿Con quién vive?

Puedes agregar cualquier pregunta que creas relevante para poder armar una exacta descripción de tu cliente. Cuanto más sepamos de él, más posibilidades tenemos de entenderlo, encontrarlo y atraerlo.

Para este momento tenemos: por un lado beneficios y por otro un prototipo de persona que suponemos amará lo que ofrece mi producto. El paso siguiente es hacer que se conozcan. Aquí comienza a jugar nuestro buen amigo Marketing.

Muchos se aterran al momento de hablar de Marketing ya que lo ven como algo complicado y enmarañado. Debo aceptar que muchos lo trabajan de esa manera pero en nuestro caso lo tomaremos como la manera de hacernos visibles para nuestro cliente.

Como nuestra estrategia es atraerlo, todo lo que haremos será ponernos más bonitos para él, porque tenemos la ventaja de conocerlo y por ende saber qué es lo que le gusta.

En mi libro El Emprendedor Huérfano, hablo de este tema usando como ejemplo una situación donde dos jóvenes se conocen, se gustan y luego se enamoran.
El Marketing tiene mucho de eso. Usamos el Marketing para enamorar, resaltar virtudes, tentar y seducir por medio de la correcta comunicación.

Las buenas acciones de marketing tienen como premisa actuar con estructura basada en lo que se conoce como las 3M que son: Mercado, Medio y Mensaje.

Qué quiere decir: Llevar el Mensaje correcto, al Mercado correcto por el medio correcto.

El Mercado correcto ya lo tenemos y está conformado por todas las personas que se encuentran dentro de las descripción de nuestro cliente ideal.

El Medio correcto: lo elegimos basados en el conocimiento que tenemos de nuestro cliente correcto. Es el medio por el cual le vas a hacer llegar tu mensaje, por ende te tienes que asegurar que tu cliente está allí para que exista la probabilidad de que lo escuche.

De nada sirve una publicidad en la radio más popular de tu ciudad si tu cliente no escucha radio. No importa que tan en auge estén las redes sociales si el perfil de persona que buscamos atraer no le presta atención a facebook. ¿Comprendes?

Si aún no tienes plenamente identificado cual es la mejor opción podemos ayudarnos haciéndonos las siguientes preguntas:

Mi cliente ideal: ¿Cómo se informa? ¿Qué tipo de relación tiene con la tecnología? ¿Utiliza internet? ¿Utiliza redes sociales? ¿Ve televisión? ¿Escucha radio?
Esto nos dará una idea sobre qué tipo de medio podría ser el correcto para hacer llegar nuestro mensaje.

El Mensaje correcto: Este es el mensaje que para mi cliente ideal es realmente importante, interesante y genera alguna sensación.

Este punto es muy importante y es muy fácil cometer errores ya que la mayoría de los emprendedores caemos en la tentación de simple y llanamente hablar sobre nosotros mismos y eso no resulta un mensaje interesante.

El mensaje correcto es el que habla sobre los beneficios de nuestro producto o servicio. Cómo le haremos la vida mejor a nuestro cliente, de qué forma vamos a satisfacerlo, cómo lo haremos más simple o mejor. También debe mostrar que nosotros como empresa conocemos el dolor o insatisfacción que ellos tienen, que sabemos lo que se siente y que podemos solucionarlo.

Al comunicar esto, buscamos se genere esa conexión tan importante y necesaria con nuestros clientes.

Seguramente alguna vez te ha sucedido estar en un cumpleaños o alguna reunión con mucha gente que no conoces. Alrededor de una mesa, con muchas personas, y con pequeños sub grupos donde cada cual habla diferentes temas. Entre el bullicio y las charlas ajenas, algo surge que llama tu atención y comienzas a escuchar con más detenimiento a esa persona o grupo de personas por sobre todas las demás.

¿Por qué sucede esto? ¿Por qué "ese" tema resalta entre los demás? ¿Por qué "esa persona" llama mi atención?

Seguramente es un tema de tu interés, una opinión muy similar a la tuya, o alguien con un relato similar a algo que te ha pasado. Inconscientemente te sientes conectado y atraído a esa charla por encima de las demás y de a poco comienzas a participar de ese grupo.
Nuestro mensaje debe trabajar de esta manera. Debe sobre salir de entre la multitud, y conectar con tu cliente.

De allí es que nace nuestro tercer punto que es la "Propuesta diferenciadora".

DesClonándote

¿Sabes qué hacemos los emprendedores y dueños de negocios cuando estamos un poco perdidos, desorientado y con pocas ventas?

¡Nos copiamos de la competencia! ¿Qué triste verdad?

Si es tu caso, no te preocupes, a todos nos ha pasado. Es una especie de baja autoestima mezclada con ansiedad e inseguridad comercial que nos dispara el reflejo de pensar: nosotros vamos mal, pero el de enfrente… ¡el tiene el súper secreto del éxito! Hagamos lo mismo que él, así nos irá mejor a nosotros también. Esto no suele dar muy buenos resultados y es bastante agotador.

Por otro lado: ¿Sabes qué hacen los clientes que ven que todos los negocios del rubro venden lo mismo? Compran por precio. Y allí comienza la guerra de la que ya hablamos.

¿Entonces? ¿Qué hago?

¡Desclónate! Ya deja de ser una mala copia de alguien y ocupa ese tiempo en ser Tu propia mejor versión. No desquicies buscando la manera de tener lo mismo que tu competencia, no lo vale. En lugar de buscar ser como otro, busca ser mejor y principalmente mejor para tu cliente.

Hay tres maneras principales de ser diferente en cualquier mercado:

1- Vendes algo diferente.
2- Venderle a alguien diferente
3- Vendes de una forma diferente

1- Vender algo diferente: es el innovar desde el QUÉ. Centras tus diferencias a través de lo que entregas, sea un producto o servicio. Un producto nuevo o renovado que viene a desplazar lo ya conocido, suele ser la forma más usada a la hora de innovar. Diferentes formatos, nuevos diseños o tamaño son los que predominan a la hora de ofrecer algo distinto cuando hablamos de productos.

Piensa cuántos envases diferentes conoces de tu bebida favorita sin embargo sabes que dentro siempre trae lo mismo. Atreves de estos pequeños cambios de diseño buscan mostrar algo nuevo que mantenga la conexión con sus clientes.

Otra forma de diferenciarnos desde el producto es la suma de beneficios.

"Ahora más rápido" "de Consumo reducido" "Rinde el doble" son algunos de los ejemplo más comunes y aunque pueden ser buenas herramientas están muy vistas. De ser posible, (personalmente creo que siempre puedes sin importar el mercado) te sugiero que te esfuerces un poco más y muestres una diferencia mucho más interesante.

2- Véndele a alguien diferente:
Un mismo producto puede ser apreciado de diferentes maneras por diferentes tipos de personas. Esto es lo que se conoce como productos de nicho.

Los productos de nicho suelen ser productos o servicios ya conocidos pero con pequeñas variantes que se ajustan mucho mejor a las necesidades o deseos del clientes.

Ejemplo: "Yoga para embarazadas" "Curso de programación para niños" "Cuadernos para zurdos".

Hace uno días me encontraba haciendo unas compras en el Carrefour de mi ciudad. Estaba en la parte de "Construcción y Herramientas" cuando algo llama poderosamente mi atención. Había una estantería completa, con mucho espacio disponible para exposición de un conjunto de herramientas que incluía: Un martillo, una pinza, una llave francesa y un destornillador con cuatro puntas intercambiables. Hasta aquí nada demasiado novedoso, pero este pack tenía algunas diferencias con las que conocemos.

Sus mangos eran algo más pequeños, evidentemente para manos más chicas y todos tenían detalles de goma antideslizante en color rosa. El packaging no tenía nada del otro mundo, simplemente tenia la leyenda "LADY PACK".

En el preciso momento en que estoy parado delante de la góndola que exhibía el pack de herramientas llega el repositor le pregunto:
- ¿Se vende mucho este juego de herramientas?

Y él me responde: - El producto llegó hace dos semanas y todos los días reponemos entre cuatro y cinco cajas de doce.

Como puedes ver, el producto en si mismo no tiene nada que lo haga muy diferente a un pack de herramientas convencional. Simplemente la adaptación del tamaño del mango y personalización de colores.

Un pequeño detalle transforma un producto ya muy visto y que pasaría totalmente desapercibido en una góndola, en un éxito de ventas gracias a tener la visión de venderle a alguien diferente.

3- Vende de una manera diferente.

Estamos en un momento inmejorable para hablar sobre este punto ya que estamos atravesando una verdadera revolución en lo que a maneras de vender se refiere y si eres mayor a 30 años de edad puedes dar testimonio de este fenómeno. Tu al igual como yo somos testigos de cómo las maneras de comercializar productos han cambiado y la llegada de internet ha transformado absolutamente todo.

Mi negocio de venta de muebles marcó la diferencia desde sus comienzos siendo pioneros en esta modalidad. Fuimos unos de los primeros en trabajar con ventas por internet y redes sociales lo cual nos posicionó muy bien. Otro ejemplo son sitios como Ebay , Mercadolibre, o Amazon donde puedes encontrar casi cualquier producto que quieras sin necesidad de moverte de tu casa.

Pero no te quedes solo en el comercio electrónico. Hay muchas maneras de vender de manera diferente tus productos.

Puedes ofrecer membresias, de un producto de consumo frecuente.

Ejemplo: En mi país hay compras que son prácticamente diarias como por ejemplo el pan. Cientos de miles de personas van a diario a almacenes y panaderías a buscar el pan fresco. Una buena idea sería posicionarnos como el único "Club del Pan" de la ciudad y ofrecer una membresia con la cual recibes el pan todos los días en la puerta de tu casa. De pago semanal, quincenal o mensual y planes de 3 entregas semanales, 5 o 7. En fin, ponte creativo y piensa una buena y nueva manera de vender tus productos. Hazlo bajo la premisa de crear algo de valor no solo para ti sino para tu cliente.

Ten siempre presente que no necesitas ser una mega cadena de locales para ser diferente al resto. Puedes empezar hoy mismo siendo muy pequeño, eso no debe detenerte ni ser una condición. Recuerda que por más pequeño que sea el punto rojo, siempre resaltará en la multitud de puntos blancos.

Una vez que encuentras de qué manera vas a diferenciarte de la competencia, vamos a comunicarlo a nuestros futuros clientes usando un concepto muy antiguo pero siempre vigente llamado "La Propuesta Unica de Ventas" o PUV.

Voy a ser muy directo con esto: tu negocio debe tener SI o SI una PUV para poder dar ese salto que estás buscando. La gran mayoría de tus competidores desconocen su existencia y obviamente carecen de una lo cual te da una buena ventaja.

¿Cuál es su función? Por medio de la PUV les cuentas a tus futuros clientes qué es eso que tú haces, que nadie más puede hacerlo y que lo haces por y para él.

Este concepto es creado por el famoso publicista Rosser Reeves en los años 60.

Reeves definía en su libro *Reality in Advertising* la PUV de la siguiente forma:

1. Todo anuncio debe hacer una proposición al consumidor. El anuncio debe decir siempre al lector: "Compra este producto y conseguirás este beneficio específico".
2. La proposición hecha al consumidor debe ser una que la competencia no ofrezca ya o que no esté en condiciones de ofrecer. Debe ser única.

3. La proposición debe tener tal fuerza que debe ser capaz de atraer a las masas y acercar a nuevos clientes a la marca.

Cuenta la historia que la primer PUV fue creada para la famosa empresa MyM.
Los directivos de esta empresa pasaban por un momento difícil en el area de las ventas y contrataron los servicios de Reeves para solucionar esto.

Es entonces que en una reunión, Reeves pregunta a los dueños de la empresa qué es lo que mejor hacían y qué es lo que sus clientes más valoraban de sus chocolates. Fue entonces que una idea llamó la atención del publicista.

Al parecer los soldados que estaban en la guerra, amaban los chocolates de M&M ya que eran los únicos que gracias a su cubierta confitada no se derretían con el calor.

Es entonces que nace la PUV de M&M:
"Se derrite en tu boca...no en tus manos!

Existen PUV muy variadas y no todas hablan del producto.

Una de las más conocidas del mundo es la de Domino's Pizza que asegura una "Pizza calienta en tu casa en 30 minutos o menos o la pizza es gratis"

No dice que será la pizza más rica que probaste es tu vida. Es pizza caliente y llega antes de 30 minutos. Aquí ves como a pesar de vender pizza, la PUV está basada en la velocidad.

Como podemos ver, la PUV es tu promesa al cliente.

¿Cómo diseñar tu PUV?

Hay varios principios que debes tener en cuenta al momento de crear tu propia PUV.

Todos ellos son importantes pero hay dos inquebrantables.

El primero es "Ama tu PUV".

He sido testigo y participe de la creación de PUV muy exitosas, pero que el dueño del negocio odiaba cumplir. Sé que suena totalmente absurdo, pero es verdad.

Hay buenas ideas, que comercialmente funcionan muy bien, pero en tu interior sabes que es algo que detestas hacer.

Primero que nada mi amigo no te compres ese problema. Se totalmente franco contigo mismo y hazte el favor de no hacer lo que detestas y mucho menos transformarlo en tu propuesta. Sera malo si fallas y muy malo si es una PUV exitosa.

Segundo principio: "No importa lo que prometas, siempre debes cumplir"

No importa si algo salió mal o si el cliente es un pesado. No puedes romper tu promesa bajo ningún punto de vista. Si prometes velocidad debes ser rápido, si ofreces garantía extendida no busques excusas para no cumplirla, si ofreces variedad no puedes tener solo dos. Si vas a incumplir es preferible que no lo prometas.

Tercer principio: "Que sea claramente Única"

Tal como lo menciona Reeves, aquí el secreto es la palabra ÚNICA.

Que nadie hace y nadie tiene. Solo tú, solo tú marca, solo tu negocio.

Y aquí hay muchos que entran en crisis porque piensan siempre "dentro de la caja"

Pero Gastón… Yo tengo una ferretería, almacén, carnicería, verdulería, heladería, etc. y todas vendemos los mismos artículos ¿Cómo hago para tener algo único?

Cuando tu negocio tiene mercaderías y producto muy similar al resto puedes tener el valor agregado desde otro lado que no sea precisamente el entregable. Un servicio extra como la entrega a domicilio o compra telefónica son de los más clásicos. También puedes reinventar algo que sea muy conocido como por ejemplo:

Panadería "el Pan feliz". Aquí el Kilo pesa cien gramos más.

Empanadas "La Deliciosa" Aquí la docena tiene catorce unidades.

"Pizza Messi" La única pizza de 10 porciones
No te pongas límites. Todo puede cambiar y todo lo conocido puede ser restablecido.

Quizás halla a quien le cueste un poco mas de trabajo y a quienes les resulte más simple, lo importante es que no dejes de buscar cuáles son tus diferencias, que es lo que aman tus clientes, como puedes seducir y atraer a nuevos.

Que la diferencia sea tu Bandera

Una vez tengas elaborada tu PUV y con todo el conocimiento sobre tu producto, clientes y mercado que hemos ido recopilando a lo largo de este libro, iremos por algo aun mayor. Algo que puede asegurarte una posición inigualable en cualquier tipo de mercado y para casi cualquier tipo de cliente. También puede sin dudas ayudarte a crear una nueva categoría en el rubro que sea que te desarrolles.

Se trata de la Propuesta Diferenciadora Integral.

La PDI tiene varias similitudes en sus principios estructurales y en la concepción general con la PUV, pero con mucho más completa.

La PDI es un concepto que trabaja lo diferencial de todos los estadios que el cliente vivirá que son tres:

Atracción – Venta y experiencia satisfactoria – Servicio de Post venta, permanencia y pertenecía.

Ahora veamos cómo podemos trabajar nuestra PDI en todos los estadios.

Etapa número uno: Atracción

Cuando tenemos el perfil de nuestro cliente ideal tenemos la gran ventaja de saber con exactitud quién es y cuáles son sus gustos. Esto nos ayuda a saber de qué manera podemos conectar con él. Lo cierto es que por lo general lo hacemos por medio de una oferta.

La mayoría de las veces seducimos por medio del producto con descuento, combos, o un servicio extra como la entrega sin cargo. El trabajo que debemos hacer ahora es encontrar la manera diferente de generar esta atracción.

En internet es algo muy común trabajar con lo que se conoce con páginas de aterrizaje o captura. Estas son páginas que tienen como principal objetivo capturar datos de contacto del visitante (nombre y correo principalmente) para posteriormente alimentar una relación y conseguir transformar al suscriptor en cliente. ¿De que manera? La forma más popular de invitar a una suscripción, es por medio de un regalo relacionado con el producto que luego intentaremos vender. Una serie de videos, un mini curso, o un reporte especial.

Ejemplo:

"Con solo registrarte, puedes acceder gratuitamente al mini curso gratuito cómo bajar 4 kilos en un mes".

Luego con tu email en su base de datos trabajarán en la conexión, suma de valor y confianza, para luego hacer una propuesta de venta.

También hay excelentes maneras de aplicar este mismo concepto en los negocios tradicionales off line.

En mi ciudad hay una empresa que vende placas de melamina para carpintería, que dicta cursos totalmente gratuitos de elaboración y confección de muebles de cocina.

La estrategia de la empresa no solo atrae con el curso a sus potenciales clientes, sino que además los educa y los acostumbra a sus productos por ende crea una relación de confianza que sin dudas mañana se transformarán en ventas.

También una conocida bodega dictas cursos gratuitos de degustación de vinos.

Lo curioso es que casi todos sus esfuerzos de marketing están orientados hacia la divulgación de este curso que a simple vista y al ser gratuito no les da ningún tipo de ganancias. Sin embargo transforma alumnos en clientes.

Como ves hay muchas maneras de atraer a tus potenciales clientes y no todas comienzan con un 10% de descuento o un 2x1. Ahora toma las listas y comienza a pensar que es lo que ellos desean y que puede crear esta conexión en una futura relación de mutuo beneficio.

Etapa número dos: Venta y experiencia satisfactoria
Muchas veces resumimos en demasía el proceso de venta. Ponemos toda la atención y energía en algunos puntos y cero en muchos otros.

Lo que dejamos librado al azar es normalmente los lugares a transitar luego del SÍ de nuestro cliente. Es entonces que soltamos el proceso y estamos listos para meter la pata o hacerle la vida imposible al cliente.

Un pago complicado, tarjetas que no funcionan, una entrega demorada o un servicio a domicilio incompleto, y otros inconvenientes pueden hacer que a pesar de lograr una venta, pierdas un cliente. El producto tiene un defecto, el color no es el acordado o la calidad no es igual al último que compramos.

A demás que las malas experiencias corren mucho

más rápido que las buenas por ende se divulgará y crecerá en tamaño cada vez que contado.

Todos estos problemas tan comunes pueden una ser una oportunidad para nosotros para diferenciarnos y sumar.

Estoy seguro que si llevas un tiempo en el mercado puedes decirme al menos tres de los problemas más frecuentes que sufre el cliente. Si tienes la respuesta, solo tienes que tomar ese problema, crear una solución y comunicarlo efectivamente a tus clientes en forma de propuesta de valor diferenciadora.

Cuando comencé mi negocio de venta de muebles encontré varios problemas e inconvenientes que las personas sufrían inesperadamente y la solución de cada uno de ellos fue una puerta de entrada directo al corazón de nuestros clientes.

Como por ejemplo al momento de la entrega, se enteraban que el servicio era solo puerta a puerta. Nadie les ponía sobre aviso que de ser un mueble grande como un sofá debían tener al menos dos personas que lo reciban y lo ingresen al domicilio o pagar un diferencial por el servicio.

Al detectar este problema y el trastorno que traía a muchas personas, lo incorporamos a nuestro servicio. Luego de culminada la venta y con la dirección de entrega ya asentada explicábamos cómo sería el proceso de entrega.

Nosotros ingresábamos los muebles al domicilio sin ningún tipo de costo, solo se cobraba un diferencial si había que subirlo más de tres pisos por escaleras. Asumimos un compromiso y cierto riesgo de dañar el mueble al entrarlo, pero el servicio que brindábamos era percibido como algo de muchísimo valor con el cual nos ganábamos la fidelidad de nuestros clientes.

Busca la manera de brindar al menos una solución extra a al menos un problema que sabes puede ocurrir en el proceso de venta. Evalúa detalladamente todo el proceso y chequea si algo puede estar fallando o si puedes mejorarlo. Comunícalo eficientemente a tus clientes y disfrutas de todos los beneficios que este valor agregado te traerá.

Etapa número tres: Post venta, permanencia y pertenencia.

Como ya vimos anteriormente muchos emprendedores abandonan el contacto y la relación con el cliente una vez que el dinero entro en la caja registradora. Esta práctica que suele ser común, la califico como una gran torpeza ya que un comprador contento puede no solo comprar nuevamente sino que muy posiblemente se transforme en un cliente que recomiende nuestros productos una y otra vez.

O sea, nos genera más ganancias y hace publicidad de manera gratuita ¿existe algún activo mejor para tu negocio que un cliente contento? Claro que no.

Comprendiendo lo importante de mantener viva esta relación trabajaremos primero en el servicio de Post venta.

Tómate unos minutos e intenta responder estas preguntas.

¿Qué le sucede a tu cliente luego que compra tu producto o servicio? ¿Cuánto dura tu producto? ¿Hay algún problema que tu producto o servicio puede sufrir con el tiempo?
Muchos odian hablar de este tema pero todos sabemos que sucede. No hay producto eterno y los compradores también lo saben.

Es verdad que compramos para sentirnos mejor, más satisfechos o más felices pero también sabemos que tarde o temprano dejarán de funcionar, necesitarán servicio o un recambio de pilas, etc. El problema suele ser encontrar quien brinda el servicio de reparación, o vende los repuestos.

Aquí se presentan tres situaciones: Puedes desatender el problema y no involucrarte, puedes capitalizarlo tú y brindar los repuestos o servicios de reparación o como tercera opción, tercerizas esto y buscar a alguien que trabaje bajo tus mismos parámetros de responsabilidad y calidad.

Si decides la primera opción y te inclinas por no involucrarte, permíteme decirte que respeto tu decisión pero estás perdiendo la oportunidad no solo de generar nuevas ventas sino principalmente de permanecer en la memoria de tus clientes y más aun si tu producto o servicio es de baja rotación.

Con la segunda y tercera opción sigues alimentando una relación de mutuo beneficio con tu cliente, además de generar más ventas. El secreto aquí no son las ventas en si misma sino el permanecer en sus vidas como parte de la solución. Eso genera siempre sentimientos positivos para con tu negocio y tu marca que se transformará en un sentido de Pertenencia.

Cuando esto sucede, el cliente se transforma en el más importante elemento de marketing que existe que es el "testimonio".

Tu cliente escucha que alguien de su entorno sufre un problema que tu negocio resuelve,

Su experiencia positiva en forma de testimonio convierte a desconocidos en nuevos clientes y lo hace gratuitamente solo por ese sentimiento de pertenencia que le has generado y alimentado estando en todo los detalles y trabajando para su satisfacción.

¿Tan poderoso es el testimonio de un cliente satisfecho? Absolutamente SI!

Te mostraré cómo funciona:

¿Sabes cuál es el primer objetivo de una estrategia de Marketing? Generar confianza.

¿Sabes por qué? Porque todos y cada uno de nosotros compramos solo a quien conocemos y en quien confiamos, es por eso que en ventas existe el dicho que un cliente primero "compra" al vendedor y luego cualquier cosa que este le venda.

Es el mismo motivo por el que los primeros pasos en ventas de casi todo el mundo son exitosos ya que tus primeros clientes son tus amigos y parientes. Ellos ya te conocen y confían en ti y es suficiente motivo para ser cliente. Luego al enfrentarnos al mercado frío se torna mucho más difícil y nos encontramos con la realidad de nuestra marca.

Un cliente recomendando nuestro producto a su propio círculo de conocidos con un testimonio positivo es tan poderoso que sin que nosotros actuemos, los ubica en nuestro propio círculo de influencia.

Para resumir el tema podemos decir que gran parte del secreto de la PUV y la PDI está en actuar como un buen amigo.

Estar en el momento que te necesitan, pones tu hombro y escuchas sus penas para luego ayudar a encontrar la solución.

Todo lo demás, ventas, recomendaciones y dinero solo son parte de la recompensa que recibes por haber sido parte de la solución.

CAPÍTULO V

MULTI EVOLUCIÓN.

Entramos en el quinto y último capítulo del libro mi querido amigo y en este quiero tomarme algunas libertades y hablarte con un poco más de confianza.

Luego de cuatro capítulos creo que tenemos la suficiente confianza y voy a usarla☺.

Primero para quiero decirte que, en caso de que aún no hayas comenzado, es momento que pongas manos a la obra ya mismo.

No hay mejor día que hoy para comenzar. No habrá mejor momento que ahora. Cuanto más esperes más se esfuma la emoción y dejas entrar las excusas a tu vida y a tu proyecto y puedo asegurarte que unas ves que entran no son fáciles de echar. Te lo digo ciento por ciento desde la experiencia por que durante mucho tiempo tuve un arsenal de excusas.

Llegue a convertirme en un maestro de las excusas hasta el punto que ellas se volvieron mi realidad.

¿Tienes una idea lo triste que es vivir una vida y una realidad que tus excusas han creado? Es horrible y lo peor es que no te das cuenta. Pero no me voy a poner melancólico ni mucho menos, simplemente quiero asegurarme que tomes lo aprendido y lo pongas en marcha ya mismo.

Recuerda que todo lo que te he contado y explicado a lo largo del libro son herramientas que yo mismo uso en mi negocio, que recomiendo a mis clientes de consultoría en sus propios negocios. No son inventos ni espejos de colores. Son herramientas reales que funcionan en negocios reales. No obstante como te advertí al principio del libro… aquí no hay magia.

Te he abierto mi caja de herramientas y la mejor manera de comprobar que son herramientas de calidad es usándolas. Si las dejas en la caja y luego pateas la caja debajo de la cama, vas a estar desperdiciando una gran oportunidad de modificar tu realidad y la de tu negocio.

Pero como sé que eres de esas personas que ponen primera y salen a la ruta, no tengo de preocuparme. Y por eso te invito a que avances un paso más.

Te invito a tomar esas herramientas y no solo usarlas para como vimos en el capítulo anterior lograr la Evolución de tu negocio. Quiero que tomes esas herramientas que de a poco van convertirse en tus propias habilidades y en tus súper poderes y pienses lo fantástico que sería aplicarlo a los diferentes ámbitos de tu vida.

Tómate el tiempo de releer los conceptos que te han parecido más importantes, más novedosos, más poderosos y en lugar de usarlos solo y exclusivamente en beneficio del crecimiento de tu negocio o empresa lo usas para otros aspectos que son igual de importantes en tu vida.

Hagamos un repaso.

En el primer capítulo hablamos sobre el por qué cerca del 90% de los negocios fracasa y solo el 10%

logra superar con éxito el primer año. Y vimos cinco de los problemas más importantes y comunes que llevan a esto. ¿Hay algún ámbito de tu vida donde creas que estás sufriendo problemas similares? Eso puede ser un buen comienzo para analizar estas variantes.

En el segundo capítulo vimos que todo proyecto, idea y decisión que tomes tiene sus detractores que bautizamos como tus archí enemigos. Y vimos la manera de combatirlos.

Estoy seguro que en algún aspecto de tu vida además del comercial, hoy mismo estás siendo atacado por alguno de estos enemigos y muy posiblemente no te diste cuenta.

Ahora ya los conoces mejor y tienes buenas maneras de vencerlos.

En el tercer capítulo nos encontramos trabajando habilidades muy poderosas más conocidas como súper poderes. Ahora que los tienes, ¡ponlos a trabajar!

Sabes cuántas personas andan por ahí deseando tener poderes y tú que los tienes lo usas nada más que para tu negocio…

En el cuarto capítulo aprendiste que si quieres tener un negocio exitoso y sólido debes tener Metas, clientes y propuestas diferentes.

¿Te das cuenta lo poderoso que puede ser diseñar metas en todos los aspectos de tu vida?

¿Lo valioso de saber armar un plan para cada cosa que quieras lograr?

Crea el hábito de preguntarte y descubrirte. Comienza ahora ¿qué quieres? ¿qué deseas alcanzar, mejorar, atraer?

Con la misma estructura que armas un plan para tu negocio puedes diseñar el plan para: Bajar de peso, dejar de fumar, hacer un viaje por el mundo, comprar la casa de tus sueños, o correr una maratón.

Ya sabes que todo lo que deseas está a un plan de distancia.

Luego vimos varias maneras de atraer y conquistar clientes y maneras más efectivas de comunicarnos con ellos.

Imagina que en lugar de clientes son amigos o a tus propios hijos. Especialmente para padres que sus hijos están en la adolescencia que suele ser una etapa difícil. ¿Cómo sería la relación con tus hijos si puedes comprender qué es lo que ellos quieren y lograr que ellos acudan a ti en busca de ayuda porque te eligen como la persona que cuenta con las respuestas? ¿Maravilloso verdad?

Tómate un segundo para pensar lo poderoso que puede ser diseñar una Propuesta Única para sorprender a tu esposa o a tu novia. Crear esa sorpresa que ya no generan las flores o bombones. Transformar algo ya conocido en algo verdaderamente especial, romántico y totalmente diferente.

Esto es solo una recopilación rápida y algunos ejemplos al azar. Seguramente tú encontrarás más y mejores nuevos usos para estas nuevas habilidades que te ayudarán a crear una Multi evolución en todos los planos de tu vida en los que te decidas a ponerlos en práctica

Ya lo ves en los ejemplos, puedes usar un hacha para cortar madera o hielo. Tu nueva pinza puede quitar un clavo o enroscar alambre. Y recuerda que herramienta que no se usa, herramienta que se oxida. Toma tus herramientas, tus habilidades, tus nuevos súper poderes y comienza a crear una mega evolución en toda tu vida. Imagina lo fantástica que será cuando obtengas todos tus logros materiales, espirituales y afectivos. Transfórmate en ese triunfador que este llamado a ser, en ese ganador, ese Súper Héroe… en SUPER EMPRENDIMAN. ÉXITOS!

Gastón A. Herrera.

Sitio Web del Autor
Http://GastonHerrera.net

Otros libros y recursos.

El Emprendedor Huérfano: De negado a consultado
https://amzn.to/2xEwirZ

Sistema de ventas X4
http://bit.ly/ventasx4

Redes Sociales